上海市教委重点学科金融学建设

项目资助（J512-01）

中国金融市场结构优化研究

——基于合理化、高级化与梯度化视角的分析

The Study on the Optimization of Chinese Financial Market Structures

吴腾华◉著

经济管理出版社
ECONOMY & MANAGEMENT PUBLISHING HOUSE

图书在版编目（CIP）数据

中国金融市场结构优化研究/吴腾华著. —北京：经济管理出版社，2010.6

ISBN 978-7-5096-1003-9

Ⅰ. ①中…　Ⅱ. ①吴…　Ⅲ. ①金融市场—经济结构—研究—中国　Ⅳ. ①F832.5

中国版本图书馆 CIP 数据核字（2010）第 100141 号

出版发行：经济管理出版社

北京市海淀区北蜂窝 8 号中雅大厦 11 层

电话:(010)51915602　　邮编:100038

印刷：北京交通印务实业公司　　经销：新华书店

组稿编辑：贾晓建　　责任编辑：贾晓建

技术编辑：黄　铄　　责任校对：超　凡

880mm×1230mm/32　　6.75 印张　　195 千字

2010 年 6 月第 1 版　　2010 年 6 月第 1 次印刷

定价：18.00 元

书号：ISBN 978-7-5096-1003-9

前　言

本书是在2009年完成结项的国家社科基金项目《金融市场结构的优化研究》（项目批准编号为：05BJY099）的最终研究成果的基础上，做了进一步的修改和补充而完成的。

金融市场结构是一国金融市场发展质量的根本体现，金融市场结构的合理与否不仅是衡量一国金融市场自身发展水平高低的主要标准，而且也是衡量一国金融市场效率高低和核心竞争力与可持续发展力大小的重要尺度。优化金融市场结构既是金融市场自身发展的内在要求，也是转变中国经济增长方式的客观要求。然而，在国际金融危机的冲击下，中国金融市场结构失衡的矛盾将更加突出，制约了中国金融市场整体功能的充分发挥和核心竞争力的进一步提高，使得金融市场结构的广化、深化和强化效应没有得到应有的体现。因此，需要通过调整和优化金融市场结构，进一步发挥中国金融市场的整体功能，增强其核心竞争力和可持续发展力，更好地促进国民经济保持又好又快地发展。

随着中国经济改革开放的不断深入，特别是在加入WTO过渡期结束后和国际金融危机继续蔓延的今天，调整和优化金融市场结构的重要性和紧迫性更加突出。我们不仅需要深入剖析中国金融市场结构的决定条件和影响因素，并建立一套适合中国金融市场结构优化的评价标准和指标体系，而且需要针对中国金融市场结构失衡的矛盾选择好恰当的优化路径，并规划好适宜的优化战略。为此，本书主要探讨了七个方面的内容：

第一章为导论。主要对本书的意义、研究价值、研究思路、研究方法以及创新与不足之处进行概述。

第二章为金融市场结构及其调解与优化理论框架。具体包括：一是界定金融市场结构的内涵，分析金融市场结构的特点；二是剖析金融市场结构失衡及其调节方法；三是探索金融市场结构优化的内容、步骤和模型。

第三章为中国金融市场结构的现状、特征与问题。中国金融市场结构的现状主要表现为结构失衡的矛盾比较突出。中国金融市场结构的非均衡特征主要表现在以下几个方面：①规模结构的非均衡性；②空间分布的不合理性；③层次结构的单调性；④行为结构的不配合性；⑤功能结构的不协调性等。当前中国金融市场结构存在的突出问题是：一方面，从静态的视角看，主要表现为各个金融子市场之间存在着严重的不平衡和各金融子市场内部组成要素结构的不均衡；另一方面，从动态的角度看，中国金融市场结构存在着变迁上的被动适应性、升级上的低层次性以及创新上的外生性等问题。

第四章为中国金融市场结构优化的评价标准与指标体系。评价金融市场结构优化与否的标准主要有：要素标准、功能标准、效率标准、竞争力标准、金融生态标准等。优化中国金融市场结构的核心内容主要包括三个方面：金融市场结构的合理化、高级化和梯度化。①反映金融市场结构合理化程度的指标体系涵盖6项一级指标：数量结构指标、要素结构指标、类型结构指标、功能结构指标、行为结构指标和生态结构指标；②反映金融市场结构高级化程度的指标涵盖6项一级指标：健康性指标、繁荣性指标、高效性指标、创新性指标、竞争力指标和开放性指标；③反映金融市场结构梯度化程度的指标也涵盖6项一级指标：规模结构指标、层次结构指标、空间结构指标、期限结构指标、等级结构指标和时间结构指标。在上述一级指标之下又分解为51项二级指标和100多项操作指标与主要观测点等。

第五章为中国金融市场结构优化的原则、思路与内容。中国金融市场结构优化的目标是：建立与经济金融发展阶段相适应的“最适金融市场结构”；中国金融市场结构优化应遵循的基本原则是：适应性、前瞻性、市场性和开放性；中国金融市场结构优化的基本思路是：以实现“最适金融市场结构”为目标，以金融市场结构的合理化、高级化和梯度化为主线，重点解决金融市场结构中的增量调整、金融创新与市场分层等问题。中国金融市场结构优化的主要内容包括：市场要素结构、融资方式结构、层次结构、空间结构、生态结构、开放结构、监管结构等十个方面。

第六章为中国金融市场结构优化的决定条件与制约因素。决定一国（或地区）金融市场结构变迁的基本条件主要有：金融发展水平、金融制度安排、金融创新能力、金融开放程度和科学技术水平等。目前，制约中国金融市场结构优化的因素主要包括两个方面：一是内生性因素，主要包括金融市场交易主体的理性化程度、金融市场交易效率的高低以及金融市场基础设施的完善程度等；二是外生性因素，主要包括金融制度及其创新、金融市场改革与开放、金融市场的科技吸收能力、金融市场参与者的文化习俗与偏好以及金融生态状况等。

第七章为中国金融市场结构优化的路径选择和战略构建。优化金融市场结构是中国金融市场发展的长期重要目标。在路径的选择上应当做好以下两个层面的安排：从纵向的角度看，短期应选择以“政府引导”为主的路径，中期应选择“政府引导”与“市场引导”相结合的路径，长期应选择以“市场引导”为主的路径。从横向的角度看，可根据各种市场结构的性质、特点及状况来选择“先实践、后规范”或“先规范、后实践”或“边实践、边规范”的路径安排。在战略构建上，将重点实现中国金融市场由“量”向“质”的转变，具体包括四个有机部分，即协调战略、创新战略、开放战略和保障战略。

当然，关于金融市场结构问题的研究，在中国才刚刚起步，本书只是对其庞杂的内容进行了一些尝试性的探索和分析，尚有许多问题值得进一步的探索和研究，比如中国金融市场结构优化的指标体系中的分值设置问题，金融市场结构优化的机制和效应问题，金融市场结构优化与金融市场发展之间的传递机制及其模型构建等；特别是在国际金融危机不断蔓延的背景下，优化金融市场结构将面临更多和更加复杂的问题，如何面对和解决这些问题等。但愿本书的研究能够起到一个抛砖引玉的作用，我们期待着更多更好的研究成果不断涌现出来。

最后，特别感谢上海对外贸易学院金融学院承担的上海市教委重点学科金融学建设项目（J512-01）的大力资助，感谢金融学院领导为本书的尽快出版所提供的大力帮助与支持。

吴腾华

2010 年 5 月 16 日于上海

目 录

第一章 导论

第一节 选题背景与意义

一、选题背景

中国金融市场经过 30 多年的改革开放已经发生了翻天覆地的变化，特别是近几年来，中国金融市场平稳健康快速发展，已经逐渐形成了一个交易场所多层次、交易品种多样化和交易机制多元化的金融市场体系。货币市场、资本市场等初具规模，黄金市场、外汇市场、期货市场、保险市场等发展迅速，各市场相互补充、协调发展。伴随着金融市场交易量和市场规模的不断壮大，金融市场已经成为各个经济主体进行资金余缺管理、投资融资以及财富管理的重要平台，在经济发展和金融体系中的地位和作用日益增强，为推动国民经济又好又快发展和维护中国金融市场稳定与安全作出了重要贡献。

当然，中国金融市场发展在取得了有目共睹成绩的同时，仍面临着一些突出的问题。其中，结构失衡问题一直是困扰中国金融市场改革与发展的难点和焦点。这具体表现在：直接融资与间接融资结构不平衡的矛盾依然突出，银行贷款在社会总融资量中仍占绝对比重；金融市场发展不平衡，债券市场发展落后于股票市场，企业债券市场发展相对滞后；信息披露、信用评级等基本市场约束与激励机制尚未完全发挥作用；金融产品的种类和层次不够丰富，金融市场的整体功能还有待进一步提升。这些都说明，进一步调整和优化中国金融市场结构的任务依然十分严重和紧迫。

金融市场结构是一国经济发展的重要变量，而优化金融市场结构既是增强金融市场整体功能和核心竞争力、保持其健康繁荣发展的内在要求，又是实现国民经济持续、健康、协调发展的客观需要。当前，优化中国金融市场结构正处于最重要的机遇期，同时也面临着国际金融危机向实体经济逐渐蔓延、国内经济增长趋缓等内外部环境变化带来的挑战。规模空前的金融风暴既是对世界各国经济治理能力的考验，又是对世界各国加强国际合作的诚意与决心的考验。目前，国际社会正密切关注着这场危机的走势，关注着全球各国的应对举措及其所产生的效应。在这一复杂多变的形势下，重视研究和探索中国金融市场的结构及其优化问题，不仅有利于进一步落实科学发展观、有利于国民经济的又好又快发展、有利于金融市场的改革开放与创新和有利于金融市场功能和效率的提高，而且对于探索一个适合中国金融市场发展的金融市场结构、较好解决中国金融市场结构的失衡问题、促进金融市场自身的持续健康发展、充分发挥金融市场体系在国民经济中的整体功能和增强金融市场在开放条件下的抵御国际金融危机冲击的能力等都将具有十分重要的理论意义和实践意义。

二、研究意义

本书具有重要的学术价值和应用价值。从学术上看，本书提出的金融市场结构概念和内涵，金融市场发展的实质是金融市场的不断优化过程，金融市场结构优化的核心是合理化、高级化和梯度化，金融市场结构优化的评价标准与指标体系以及优化金融市场结构的路径和战略等学术观点，对于丰富中国金融市场结构的理论内容具有重要的理论意义。

从实践上看，本书将为政府和金融管理部门、实务部门等提供决策参考服务。它对于政府和金融管理部门提高金融市场监管水平、充分发挥金融市场的整体功能等具有重要的应用价值；对于金融实务部门提高其经营效率、提升国际竞争力以及抵御金融危机能力等也具有重要的现实指导意义。

第二节 文献综述

一、国外研究文献综述

对于金融市场结构问题进行专门研究的文献，国内外还不多见。从国外研究现状看，对于金融市场结构的研究最早散见于以产业组织理论为基础的市场结构分析。如梅森（Mason）和贝恩（Bein）首先提出了产业组织理论的市场结构、市场行为和市场绩效的框架，[①]认为市场结构决定竞争的性质，市场行为决定竞争的行动，市场绩效决定资源的配置效率。这样，以市场结构—市场行为—市场绩效为分析框架（简称SCP框架），并以可观测的结构、行为变量为自变量，以绩效为因变量，建立一个函数关系，就可以找出其中的变化规律。

其后，美国经济学家格利（J.G.Gurley）、麦金农（R.Mchinnon）与肖（E.S.Shaw）以及戈德史密斯（P.G.Smith）等认识到了金融发展中的结构问题。格利和肖在1960年出版了《金融理论中的货币》一书，较早提出了有关金融结构的观点。该书重点研究金融资产、金融机构和金融政策，试图“发展一种包含货币理论的金融理论和包含银行理论的金融机构理论”。[②]在他们的货币金融理论中虽然没有明确提出金融结构概念，但却包含了金融工具、金融机构、融资方式和金融政策等金融结构问题，这对于金融结构问题的研究具有重要的开创性

① Bein，J. S.，1959，Industrial Organization，New York，John Wiley，p.126.
② 格利、肖：《金融理论中的货币》（中译本），上海三联书店1988年版，第1页。

意义。

美国经济学家雷蒙德·W.戈德史密斯是现代比较金融学的奠基者，20世纪60年代首开现代金融理论研究的先河，他在1969年出版的《金融结构与金融发展》一书，奠定了金融结构理论研究的基础。该书总结了金融发展与现代经济增长的关系，重点分析了决定一国金融结构、金融工具存量和金融交易流量的主要经济因素，并阐明了这些因素如何相互作用、相互影响从而促进金融发展的过程。戈德史密斯提出，“金融理论的职责就在于找出决定一国金融结构、金融工具存量和金融交易流量的主要经济因素，并阐明这些因素怎样通过相互作用而促进金融发展”。[①] 为此，戈德史密斯从数量方面对金融结构进行了定义，所谓金融结构，就是指一国金融工具和金融机构的形式、性质及其相对规模。[②] 他还列出了衡量一国金融结构的八个指标，其中最为重要的两个指标是新发行率（NER）和金融相关率（FIR）。[③] 戈德史密斯认为，“金融发展是指金融结构的变化”。[④] 因此，金融结构的演变过程也就是金融发展的过程，金融结构的不同演变类型决定着金融发展的不同道路。然而，金融结构类型的多样性并不能决定金融发展道路的多样性。事实上，金融结构类型的差异更多的是由发展道路的起点不同所导致。在此基础上，戈德史密斯以定性的方式对金融结构变动的规律性做了高度概括，共有12个基本观点。[⑤] 综合起来，戈德史密斯关于金融结构变动的研究是以金融工具和金融机构的数量关系分析为重点，从三个方面分析金融结构变动的趋势：一是通过金融相关比

---

① 戈德史密斯：《金融结构与金融发展》（中译本），上海三联书店、上海人民出版社1994年版，第44页。

② 戈德史密斯：《金融结构与金融发展》（中译本），上海三联书店、上海人民出版社1994年版，第46页。

③ 李木祥、钟子明、冯宗茂：《中国金融结构与经济发展》，中国金融出版社2004年版，第6页。

④ 戈德史密斯：《金融结构与金融发展》（中译本），上海三联书店、上海人民出版社1994年版，第32页。

⑤ 戈德史密斯：《金融结构与金融发展》（中译本），上海三联书店、上海人民出版社1994年版，第38~42页。

率的变动反映出金融上层结构与经济基础结构之间在规模上的变化关系，即在一国经济发展过程中，金融体系越发达，金融相关比率也就越高，金融结构由低层次逐步向高层次演进；二是金融工具结构的变化，表现为金融工具种类越来越多，债权证券在金融工具总额中所占比例逐步降低，而股权证券所占比例则逐步提高；三是金融机构结构的变化表现为金融机构种类越来越多，金融机构在金融资产中所占比例不断增加。银行体系在整个金融机构体系中的主导地位逐步受到削弱，而非银行金融机构的地位不断上升。

麦金农—肖关于发展中国家金融结构的观点隐含在金融深化理论中。麦金农—肖的金融深化理论并没有强调金融结构问题，他们分析的是发展中国家金融抑制的表现及其影响，强调金融市场的形成和完善的重要性，认为“一个以银行体系为中心的有活力的国内资本市场，可能是经济发展的一个极有效的发动机”。[①] 但是，对于发展中国家而言，金融结构的扭曲总是与金融市场受抑制相伴随的。为此，麦金农—肖专门对企业的内源融资和外源融资两类融资方式作了详尽分析，并由此提出了货币当局应改善货币供应条件，提高货币的实际收益率，借以增加货币积累，改变内源融资占主导地位的政策主张，其主要目标是整个社会经济中金融部门的发展和全社会货币化程度（M_2/GDP）的显著提高。从这个意义上来说，麦金农—肖的金融深化其实是金融结构的动态化调整和优化的过程。

“两分法”金融结构理论是20世纪90年代在内生增长理论基础上新发展起来的一种金融发展理论，是继戈德史密斯理论之后最具影响力的金融结构理论。该理论的核心内容是将金融体系分为银行（中介）主导型和金融市场主导型两种模式，进行优劣比较。他们常常以德日和英美分别作为两种模式的典型代表，并以此评判不同的金融结构对金融发展乃至经济增长的作用。1999年，美国经济学家埃利斯·德米尔居斯·孔特（Asli Demirgue Kunt）和罗斯·莱文发表了《银行主

① 麦金农：《经济发展中的货币与资本》（中译本），上海三联书店1988年版，第150页。

导型和市场主导型金融体系：德国比较》[1]论文，将“两分法”金融结构的研究推向了高潮；美国经济学教授富兰克林·艾伦（Franklin Allen）和道格拉斯·盖尔（Douglas Gale）2002年出版了专著《比较金融系统》（Comparing Financial Systems），[2]以英美德日法五国金融体系为代表，系统比较了银行主导型金融体系和市场主导型金融体系的生成机制、优缺点及其对经济增长等的促进作用，进一步系统化了“两分法”金融结构理论。并得出结论：在现代的金融体系中，金融市场和金融中介不是替代性的，而是互补性的。在任何一种情形下，发达的经济中，市场和中介存在共生的关系。

目前，国外对于金融结构和金融市场结构虽然还没有在理论上有较大的突破，但在研究方法上则突破了实证分析的局限性，引入了博弈论、计量经济学和信息经济学的分析方法，从而使对金融市场结构的分析则逐步由定性分析转向了定量分析。

二、国内研究文献综述

在国内，随着西方金融结构和金融发展理论在中国的逐步引入和传播，特别是随着中国金融体系的逐步建立和完善，对于金融结构和金融市场结构研究的学术成果日益增多，但对于金融市场结构的专门研究才刚刚起步，而且也常常与金融结构问题的研究交织在一起，其研究水平却大大落后于金融市场发展的客观要求。整体来看，对于金融市场结构的研究一般是从金融结构的研究开始的。从具体的研究时间来看，对金融结构问题的研究始于20世纪80年代中期，90年代后期得以推广，到21世纪初日趋活跃和深入。其大致可分为以下三个阶段：

---

① Asli Demiguc Kunt and Ross Levine，Bank-based and Market-based Financial Systems：Cross-country Comparison，Mimeo，World Bank，1999.

② 富兰克林·艾伦、道格拉斯·盖尔：《比较金融系统》（中译本），中国人民大学出版社2002年版。

（一）起步探索阶段

20 世纪 90 年代以前，对于金融市场结构的研究基本上是属于起步探索阶段，而且将其隐含在金融结构的探索之中。李茂生较早研究了中国金融结构问题，开创了中国金融结构研究的先河。他于 1987 年出版了专著《中国金融结构研究》，认为金融结构是整个社会经济结构的重要组成部分，是货币流通和信用赖以构成一个整体并能充分发挥各部门机能的存在方式、组织形式和基于人们物质利益而建立起来的调节机制，应从生产力和生产关系两个方面来认识，它包括金融形式结构、金融机构结构、金融调节机制结构、金融从业人员结构和金融市场结构五个方面内容。并从货币结构、结算结构、银行资金结构、利率结构、金融从业人员结构以及金融市场结构等方面对中国金融结构的变化、现状和趋势进行了系统的分析。[①] 由于当时国内经济还是“有计划的商品经济”，金融改革尚未深入，所以对金融结构的研究也就打上了“计划金融”烙印。

继李茂生之后，王兆星仍以“有计划的商品经济”为背景，对中国金融结构理论研究做了开创性的探索工作。他在《中国金融结构论》中明确地阐述了金融结构的定义，认为金融结构是各种金融要素有机联系整体，包含着各种金融要素间的质的联系和量的比例。从横向上看它是金融主体、客体、形式、工具、价格等的有机整体，从纵向上看它是微观基础、中观市场和宏观管理的有机整体。[②] 并进一步具体考察了中国微观金融基础结构（包括金融组织结构、经营结构、资产负债结构）、中观金融市场结构（包括信用结构、金融商品结构、金融价格结构、金融交易结构和金融市场调节机制结构）和宏观金融结构（包括目标结构、决策结构、调控运行结构、金融政策结构和金融制度结构）。这为中国对于金融市场结构的研究奠定了基础。

（二）全面探索阶段

20 世纪 90 年代，对于金融结构的研究属于一个全面探索阶段。

---

① 李茂生：《中国金融结构研究》，山西人民出版社、中国社会科学出版社 1987 年版。
② 王兆星：《中国金融结构论》，中国金融出版社 1991 年版，第 6~9 页。

1999年，方贤明从制度变迁的角度对金融结构调整变化进行研究，认为“金融结构就是金融系统诸要素之间的内在联系方式或配置格局，也就是构成金融体系的市场主体（金融机构、监管机构和非金融机构）、市场客体（金融工具或金融市场业务）在数量、规模、比例和份额等方面的关系”。可以“把金融结构理解为由金融活动中主体之间的关系所决定的，金融机构、金融工具、金融市场、金融监管体系构成的总和”。[①] 金融结构的特征归根结底是内生经济体系的整体基本性质决定的，任何经济活动都是在一定所有制下开发和利用资源的活动。因此，一定所有制条件下的资源配置方式可作为区分金融结构类型的主要标准。董晓时（1999）从现代金融运行的视角出发，认为现代金融是一种科学结构。金融结构是金融系统内在的有规律的联系，是金融要素有机联系的整体。金融结构应由主体结构、客体结构和联系结构三个部分组成，金融结构的运行必须与其社会基础环境相适应，这包括社会文化背景、社会制度和经济发展基础三个方面。[②] 另外，何德旭（1999）的《论中国资本市场的结构优化方向》，则从微观的角度分析了中国资本市场结构存在的问题与对策等。

2000年，李量以“开放的增长型经济”为背景，构建“结构性金融战略研究和分析框架”，系统地提出了中国金融结构战略，认为“把反映一定时期各种金融工具、金融市场和金融机构的形式、相对规模和比例理解为一国的金融结构。一定金融结构反映一定的金融功能与效率，也反映一个经济的金融体系的特征。从存量角度看，金融结构反映的主要是金融资产与实物资产在总量上的关系；金融资产与负债总额在各金融工具中的分布；金融资产与负债在各金融机构与非金融结构中的分布；金融资产与负债在各个经济部门中的地位；金融活动对社会资源配置及其对经济增长的影响等”。[③] 并认为金融结构战略是一个国家经济发展政策的基础性工程，金融结构战略分为货币供

---

① 方贤明：《制度变迁与金融结构调整》，中国金融出版社 1999 年版。

② 董晓时：《金融结构的基础与发展》，东北财经大学出版社 1999 年版。

③ 李量：《现代经济结构导论》，经济科学出版社 2001 年版，第 147~148 页。

应的政策结构、社会融资结构、金融资产及工具结构、金融市场和金融组织结构五大层次。

王振山等（2000）从金融效率的角度对中国金融市场发展和金融资产结构等问题进行了有益的探索和研究，其主要成果是将帕累托效率理论运用于金融资源配置领域，对金融效率的帕累托条件、决定因素、金融体系的运行特征等进行了比较系统的分析。[①] 这一时期还有张磊（2000）的《银行业的产业结构、行为与绩效》、赵旭与蒋振声（2000）的《中国银行业市场结构与绩效实证研究》等，也从不同角度对金融结构进行了有益探索。

（三）深入研究阶段

进入 21 世纪后，随着经济全球化、金融一体化程度的进一步加深，中国金融改革和开放的进程不断深入，这期间对于金融结构和金融市场结构的研究也日趋活跃。

干杏娣（2001）等对金融结构的概念作了广义和狭义的区分，认为“广义的金融结构不仅包括金融资产的数量关系，而且还涉及融资主体、金融组织结构、金融运营机制及金融体系与国民经济总量的关系等”，[②] 同时从广义金融结构的角度对中国金融结构的变革作了考察与分析。另外，陈晓舜（2001）的《证券业市场结构分析》、李玉清（2001）的《优化证券市场结构，推动制度创新进程》等，则从其他角度对金融市场结构进行了分析。

王广谦（2002）以金融资产结构为切入点，采用分层次的结构分析法，考察了中国金融结构的现状与变化：第一层次是货币类、证券类、保险（保障）类金融资产分别占金融资产总值的比率；第二层次是上述三大类金融资产各自的内部比率；第三层次是在第二层次基础上的细分。[③] 另外，张立洲（2002）的《论金融结构、金融业务与中国

① 王振山:《金融效率论——金融资源配置的理论与实践》，经济管理出版社 2000 年版。

② 干杏娣等:《浴火重生：入世后中国金融的结构性变迁》，上海社会科学出版社、高等教育出版社 2001 年版，第 18~19 页。

③ 王广谦：“中国金融发展中的结构问题分析”，《国际金融研究》，2002 (5)。

金融发展》、孙天琦（2002）的《金融组织结构研究》等，也对金融结构问题进行了研究。

白钦先（2003）认为，“金融结构可以是狭义与广义的。狭义的金融结构指短期金融与间接金融同长期金融与直接金融比例的不平行发展与不均衡发展，以及后者对前者的逆转，即‘金融倾斜及其逆转’。广义的金融结构就复杂多了，它可以包括全球不同类型国家或一国不同时期金融机构、金融工具、金融资产、金融市场、金融商品、金融衍生品、实体经济与虚拟经济的数量变化与质量高低以及上述因素在不同时间不同空间的变化与比例等”。[①] 另外，刘仁伍（2003）的《区域金融结构和金融发展理论与实证研究》、孙伍琴（2003）的《不同金融结构下金融功能比较》和殷克东（2003）的《优化我国债券市场结构的对策研究》等，则从实证角度和功能角度等对金融结构进行了分析。

李木祥、钟子明、冯宗茂（2004）等以制度经济学为理论基础，分析了中国金融结构的变迁，特别是金融组织结构的变迁规律，认为“金融结构是金融参与主体在进行金融活动时所应遵循的有关规则的集中体现，也就是说金融结构变迁是金融制度变迁的集中体现”。[②] 并重点分析了金融结构与中国货币的内生增长和超量增长、金融业的效率损失、经济结构演进矛盾以及金融资源的低效率配置和非均衡流动问题，在此基础上提出了重构金融体系、调整融资结构、创新金融工具三大中国金融结构的改革发展策略。

李健（2004）对中国金融结构问题则进行了比较系统的深入的多角度的研究，明确界定了金融结构的定义，“是指构成金融总体的各个组成部分的分布、存在、相对规模、相互关系与配合的状态。而一国金融总体主要由金融行业（银行、证券、保险、信托、租赁等）、金融市场、各种信用方式下的融资活动、各种金融活动所形成的金融资

---

① 白钦先：《百年金融的历史变迁》，《国际金融研究》，2003（2）。

② 李木祥、钟子明、冯宗茂：《中国金融结构与经济发展》，中国金融出版社 2004 年版，第 84 页。

产、一国与他国或国际组织的金融往来等部分组成”。[①] 因此，对金融结构的立体化考察可以从金融产业结构、金融市场结构、融资结构、金融资产结构以及金融开放结构等方面展开。该书不仅从理论上阐明了中国金融市场的总体结构及其效应，而且从实践上提出了中国金融市场结构量化的指标以及优化中国金融市场结构的具体措施。

张宗新（2005）从证券市场深化与微观结构优化的角度系统剖析了证券市场制度、证券市场风险结构、证券资产价格波动、微观市场主体以及金融创新等问题。[②] 另外，周业安（2005）的《金融市场的制度与结构》、李敏（2005）的《金融市场结构与金融创新动力相关性研究》、王军生（2005）的《论中国金融市场结构的优化》等，则从不同的角度研究了金融市场结构及其调整与优化问题。主要集中在以下三个方面：一是分析了市场结构与金融效率之间的关系；二是分析了决定市场结构的主要因素，如市场集中度、产品差别化和市场进入退出壁垒等；三是分析了在开放条件下，优化金融市场结构对于提高金融市场核心竞争力的作用等。

蔡则祥（2006）认为“要从根本上改善中国金融结构，实现金融结构优化，不能仅仅停留在现实分析和对策研究的层面上，而要从理论上构建金融结构优化的理论模型，准确界定金融结构优化的含义，深入研究金融结构的决定机制、调节机制和优化机制，提出金融结构优化的判断标准和评价指标，分析金融结构优化与金融发展、金融发展与经济发展之间的关系，寻求金融结构演进与发展的内在规律，探索优化金融结构的根本措施和途径，从而为主动调整和优化金融结构提供理论依据”。[③] 该书构建了金融结构优化分析的理论框架，提出了分析金融结构变动的新思路，对中国金融结构调整与优化做出了较为系统的经济学分析和理论探讨，探索了适合中国国情的金融结构调整与优化之路。应该说，该书是目前中国学术界对于金融结构研究中最

---

① 李健：《中国金融发展中的结构问题》，中国人民大学出版社 2004 年版，第 3 页。
② 张宗新：《证券市场深化与微观结构优化》，中国金融出版社 2005 年版。
③ 蔡则祥：《金融结构优化论》，中国社会科学出版社 2006 年版，第 3 页。

为系统和全面的成果。当然，该书对于中国金融市场结构的调整与优化问题也提出了初步的思路和方法。

美国金融危机爆发以来，国内学者对于金融市场结构调整与优化问题的研究更为热烈。但研究的重点则集中在金融市场结构的微观部分，其中，对于中国金融市场结构的指标体系和评价指标的设计问题、中国金融市场结构的优化路径与策略问题、中国金融市场结构优化与金融市场整体功能的提高问题、中国金融市场结构优化与抵御金融危机能力之间的关系问题等，则仍然是一些热点问题。

总的来看，上述研究成果无疑为中国金融市场结构的探索和研究奠定了坚实基础，它对于构建中国金融市场结构调整与优化的理论框架、深入考察剖析中国金融市场结构的现状特征与问题、进一步探索中国金融市场结构调整与优化的思路措施等都具有十分重要的指导意义。但是，随着中国经济的不断发展和金融改革的不断深入，特别是中国加入 WTO 后，美国金融危机等复杂多变的国际国内经济形势为中国金融市场结构的优化又增加了诸多不确定性因素，在这种新形势下，如何优化中国金融市场结构乃是一个亟待解决的问题。目前，仍需进一步深入探索和研究的问题主要包括：中国金融市场结构优化的指标体系问题，金融市场结构优化与提高金融效率之间的关系问题，金融市场结构的优化与金融风险的防范问题，金融创新对金融市场结构优化的影响问题，中国金融市场结构优化的路径选择与战略构建问题等。

可见，重视探索和研究金融市场结构及其优化问题，不仅有利于落实科学发展观、有利于经济的可持续发展、有利于金融市场的改革与开放以及有利于金融市场功能和效率的提高，而且对于探索一个适合中国金融市场发展的结构模式、较好解决中国金融市场结构的失衡问题、促进金融市场自身的持续健康快速发展、充分发挥金融市场在国民经济的功能作用以及增强金融市场在开放条件下的抵御风险能力等都将具有十分重要的理论意义和实践意义。

第三节 研究思路与研究方法

一、研究思路

本书主要是基于“金融市场结构概念—金融市场结构构成要素—金融市场结构的决定与影响因素—金融市场结构调整与优化的指标体系与评价指标—最适金融市场结构—金融市场结构的优化路径与对策”这一逻辑关系而展开研究工作的。在具体研究上，首先，从中国金融市场结构失衡的现状出发，从新制度经济学的角度，分析金融市场结构失衡的原因；其次，按照金融市场结构优化的指标体系与评价指标，联系中国实际，规划优化中国金融市场结构的方向、内容和目标；再次，深入剖析决定与影响中国金融市场结构优化的制约因素；最后，提出调整与优化中国金融市场结构的具体路径和战略等。

二、研究方法

在研究方法上，本书主要突出了以下特色：一是定性研究与定量分析相结合，同时突出定量分析。这里主要是借助大量的图表、曲线、公式、指标以及统计数据等进行综合分析，使结论建立在大量的调查研究之上。二是规范研究与实证分析相结合，同时以实证分析为主，并兼顾了比较分析方法以及模型分析方法等。三是将动态分析与均衡分析也进行了较好的结合。另外，在研究手段上，本成果较多地采用了图表数字分析，以使结论更加准确可靠。

第四节 研究内容与主要观点

本书的研究内容和主要观点具体包含在以下几个部分：

一、中国金融市场结构的现状、特征与问题

1. 完整提出了金融市场结构的概念。所谓金融市场结构，是指金融市场各个子市场及其组成要素在经济体系中的存在、分布、运行以及相互适应、相互作用与相互联系的架构状态。金融市场结构作为一国金融发展的重要变量和要素，具有稳定性、动态性、层次性、复杂性、创新性等特点。它是反映一国金融市场成熟程度与发达程度的重要标志。

2. 中国金融市场结构的现状主要是金融市场结构失衡的矛盾比较突出，制约了金融市场整体功能的充分发挥和核心竞争力的进一步提高，使得金融市场结构的广化、深化和强化效应没有得到应有的体现。

3. 中国金融市场结构的主要特征具体表现在：①规模结构的非均衡性；②空间分布的不合理性；③层次结构的单调性；④行为结构的不配合性；⑤功能结构的不协调性等。

4. 当前中国金融市场结构存在的突出问题主要有：①从静态的视角看，主要表现为各个金融子市场之间存在着严重的不平衡和各金融子市场内部组成要素结构的不均衡。②从动态的角度看，中国金融市场结构存在着变迁上的被动适应性、升级上的低层次性以及创新上的外生性等问题。

5. 导致上述问题的原因主要有：①偏重硬件建设，忽视观念的树立和金融市场基础设施的健全与完善；②偏重数量扩张，忽视金融市场整体功能的发挥与协调；③偏重局部利益，忽视金融市场全局利益的平衡与兼顾；④偏重眼前发展，忽视金融市场可持续发展环境的培

育与改善等。

二、中国金融市场结构优化的评价标准与指标体系

1. 发展金融市场的根本目的在于充分发挥其整体功能，以促进国民经济又好又快发展。金融市场发展不仅体现在规模总量的扩张方面，更重要的是体现在结构的优化方面。

2. 金融市场结构优化的实质则是金融市场结构不断合理化、高级化和梯度化的过程。中国金融市场结构的优化包括质量和数量两个方面的内容。其中，数量方面具体包括各个子市场规模比例的搭配，交易量的多少、层次的繁简、等级的高低以及期限的长短等；质量方面具体包括功能的互补、机制的配合、效率的提高以及生态的优化等。

3. 评价金融市场结构优化与否的标准主要有：要素标准、功能标准、效率标准、竞争力标准以及金融生态标准等。

4. 优化中国金融市场结构的核心内容主要包括三个方面：金融市场结构的合理化、高级化和梯度化。其中，反映金融市场结构合理化程度的指标体系涵盖 6 项一级指标，数量结构指标、要素结构指标、类型结构指标、功能结构指标、行为结构指标和生态结构指标；反映金融市场结构高级化程度的指标涵盖 6 项一级指标，健康性指标、繁荣性指标、高效性指标、创新性指标、竞争力指标和开放性指标；反映金融市场结构梯度化程度的指标也涵盖 6 项一级指标，规模结构指标、层次结构指标、空间结构指标、期限结构指标、等级结构指标和时间结构指标。在上述一级指标之下又分解了 51 项二级指标和 100 多项操作指标与主要观测点等。

三、中国金融市场结构优化的原则、思路与内容

1. 结构失衡问题已经成为中国目前金融市场运行中的主要矛盾和金融市场进一步发展的主要制约性因素，优化金融市场结构不仅是金融市场发展的内在要求，而且是科学发展观在金融领域中贯彻落实的

客观要求。

2. 中国金融市场结构优化的目标是：建立与经济金融发展阶段相适应的最适金融市场结构。中国金融市场结构优化的基本思路是：以实现最适金融市场结构为目标，以金融市场结构的合理化、高级化和梯度化为主线，重点解决金融市场结构中的增量调整、金融创新与市场分层等问题。

四、中国金融市场结构优化的决定条件与制约因素

1. 金融市场结构是金融市场发展状况的现实体现，金融市场发展的实质是金融市场结构的优化。

2. 金融市场结构的变迁是金融市场结构中内外因素共同作用的结果，而这一过程也总是与经济金融发展过程相伴随。各国金融市场结构之所以出现差异，是因为形成其金融市场结构的根本条件不同。决定一国（或地区）金融市场结构变迁的基本条件主要有：金融发展水平、金融制度安排、金融创新能力、金融开放程度和科学技术水平等。

3. 目前制约中国金融市场结构优化的因素主要包括两个方面：一是内生性因素，主要包括经济增长方式、金融市场交易主体的理性化程度、金融市场交易效率的高低以及金融市场基础设施的完善程度等；二是外生性因素，主要包括金融制度（含政策法规、信用体系、契约产权以及信息等）及其创新金融市场改革与开放、金融市场的科技吸收能力、金融市场参与者的文化习俗与偏好以及金融生态状况等。

五、中国金融市场结构优化的路径选择与战略构建

1. 优化金融市场结构是中国金融市场发展的长期重要目标。加快金融市场发展进程，必须转变偏重追求总量扩张的粗放式发展思路，坚定不移地把优化金融市场结构作为今后中国金融市场发展的重心。

2. 金融市场健康、繁荣与可持续发展的实质是金融市场结构的不断调整和优化的过程。当前，对中国金融市场结构的优化必须坚持以

科学发展观为指导，正确处理金融市场发展与金融市场结构调整与优化之间的关系，始终把握好中国金融市场结构优化的大方向。要以基本原则为指导，选好适当的优化路径，并构建恰当的优化战略。

第五节 主要创新与不足之处

一、主要创新

本书的创新之处将主要表现在以下几个方面：

1. 在研究思路上，本书以金融市场结构为研究对象，以优化中国金融市场结构为主线，重点运用实证分析方法和新制度经济学分析方法，分析中国金融市场发展的质量问题，探索了研究金融市场发展的新方法。

2. 在研究角度上，本书重点提出了优化金融市场结构的三个核心内容，即合理化、高级化和梯度化。从三个视角来综合考察和研究中国金融市场结构的优化问题，突破了国内单一从合理化角度分析中国金融市场结构优化的习惯和框框，大大拓宽了研究中国金融市场结构优化的新视野。

3. 在研究内容上，本书突出解决了中国金融市场结构优化中的几个关键性问题：一是提出并界定了金融市场结构的内涵；二是梳理归纳了中国金融市场结构的现状、特征及其存在的问题，并深入剖析了产生上述问题的原因；三是尝试性地构建了金融市场结构优化的一般理论框架，特别是初步构造了中国金融市场结构优化的评价标准和指标体系；四是以金融开放和国际金融危机爆发为背景，粗线条地规划了针对中国金融市场结构现状的优化路径和战略。通过上述工作的开展，进一步挖掘了研究金融市场结构的理论深度，走出了就事论事对策性研究的误区。

二、不足之处

本书的不足之处主要有以下几个方面：

1. 囿于研究资料的匮乏，本书只对中国相对发展较早的货币市场和资本市场的优化进行了比较深入的分析，而对其他金融子市场如信托市场、黄金市场、外汇市场以及衍生市场等分析得还不够细致深入。

2. 囿于研究时间的限制，本书对于国际金融危机背景下的金融市场结构的优化问题只是提出了初步的肤浅的看法。当然，随着国际金融危机的继续发生和蔓延，中国金融市场结构的优化问题也许会面临更多更复杂的问题，这些尚待后续研究中作进一步的探讨。

3. 囿于作者研究水平的限制，本书对于中国金融市场结构优化的评价标准和指标体系等这些新兴而又复杂的问题只是进行了简单的初步的定量分析，所构建的优化指标体系相对粗略简单，其操作效果尚需实践进一步检验等。

第二章 金融市场结构及其调节与优化理论

第一节 金融市场结构的内涵与特点

一、金融市场结构的内涵

（一）金融市场

关于金融市场的定义，国内学术界存在多种观点。但比较有权威的一种观点认为，金融市场是指进行金融资产交易或提供金融服务，从而实现融通资金和配置资源的空间和场所。从该定义出发，金融市场既可以是一个有形的固定交易场所，如证券交易所、期货交易所、外汇交易所以及黄金交易所等，其交易的对象是各种各样的金融资产和金融工具；金融市场也可以是一个无形的交易网络或空间，如同业拆借市场、回购协议市场、票据贴现市场、短期国债市场以及场外交易市场等，其交易的对象大多是非标准化的金融产品。可见，金融市场的概念具体包括三个方面的含义，首先，它是一个交易和服务场所；其次，它包含了交易双方之间所形成的买卖关系和服务关系；最后，它包含了进行金融资产交易和提供金融服务过程中所产生的运行机制等。

从构成上看，金融市场是一个由众多要素构成的有机整体。一般来说，一个现代意义的金融市场主要有四个方面的构成要素，即交易主体、交易客体、交易方式和交易价格。同要素市场和商品市场相比，金融市场具有突出的特征，即金融市场是由资金的需求和资金的供给共同形成的市场。在这个市场上，资金的供求双方可以达到运用和借入资金的目的。金融市场是一个以信用为基础对资金的使用权和所有权进行暂时分离和有偿让渡的市场。金融市场上的买卖双方不是一种单纯的买卖关系，而是一种借贷关系和委托代理关系，交易的目的主要是实现金融工具的增值和保值。在现代经济中，金融已经渗透到经济活动的各个方面，对整个经济体系的运行产生着巨大的影响。从整个经济运行的角度来看，金融市场一般具有五大功能，即资金融通功能、资源配置功能、宏观调控功能、风险管理功能和集散经济信息功能。

（二）市场结构

"结构"一词是一个具有丰富内涵的概念，它在不同的语言中具有不同的含义，例如，在拉丁文中写作"structum"，其含义是指"各个部分经过聚拢和整理，构成某种有组织的稳定统一体"；在英语里可写作"structure"或"construction"，其含义是指"各个部分的配合与组织"；在中文里，"结构"一词的含义是指"各个组成部分的搭配和排列"。从哲学上讲，"结构"一词的含义乃是观察事物、分析问题的一种视角和思路，从这个意义上说，这一概念的适用范围很广，它几乎可以适用于任何领域和任何事物，例如生物结构、化学结构、物理结构、地理结构、地质结构等；人体结构、家庭结构、公司结构、社会结构等；理论结构、逻辑结构、语言结构、语法结构等；法律结构、金融结构以及经济结构等。①

在产业组织理论中，市场结构是指某一产业内部竞争程度和价格形成所产生的市场组织特征。具体地说，市场结构一般是指市场主体、市场客体在数量、规模、比例、份额等方面的关系以及由此决定的竞争形式。西方学者根据市场集中度、进入退出壁垒和产品差异化

① 李健：《中国金融发展中的结构问题》，中国人民大学出版社2004年版，第2页。

等因素，将市场结构分为完全竞争型、垄断竞争型、寡头垄断型和完全垄断型四个类型。

（三）金融结构

金融发展理论表明，金融发展对经济发展至关重要，不同的金融结构对经济发展具有不同的影响。早在 20 世纪 50 年代，西方学者就开始了对金融结构的研究。约翰·G.格利和爱德华·S.肖在 1960 年出版的《金融理论中的货币》一书中，就提出了有关金融结构的观点：1969 年戈德史密斯出版的《金融结构与金融发展》一书，开创了现代金融理论研究的先河，同时也奠定了金融结构理论的研究基础。在该书中，戈德史密斯从金融与经济结合的角度提出了金融发展与经济增长关系的一般性命题，明确提出了金融结构的概念，揭示了金融发展过程中 12 个带有规律性的基本结论，从而描绘了金融结构变动的总趋势。他认为，金融结构就是“各种金融工具和金融机构的相对规模”。① “金融发展是指金融结构的变化。”② 因此，金融结构的演变过程也就是金融发展的过程。金融结构的不同演变类型决定着金融发展的不同道路。然而，金融结构类型的多样化并不能决定金融发展道路的多样性。事实上，金融结构类型的差异更多的是由发展道路的起点不同所导致的。后来，麦金农和肖在研究发展中国家金融抑制与金融深化问题时，也包含有金融结构问题。其实这里的金融深化就是金融结构的动态化调整与优化的过程。“金融深化的概念隐含着金融结构的进步，金融深化与金融结构进步所表现出来的金融发展是并行不悖的。”③ 20 世纪 90 年代，在内生增长理论基础上新发展起来的一种“两分法”金融结构理论，是继戈德史密斯理论之后最具影响的金融发展理论。该理论的核心内容是将金融体系分为银行（中介）主导型和金融市场

---

① 戈德史密斯：《金融结构与金融发展》（中译本），上海三联书店、上海人民出版社 1994 年版，第 44 页。

② 戈德史密斯：《金融结构与金融发展》（中译本），上海三联书店、上海人民出版社 1994 年版，第 32 页。

③ 干杏娣等：《浴火重生：入世后中国金融的结构性变迁》，上海社会科学出版社、高等教育出版社 2001 年版，第 19 页。

主导型两种模式，进行优劣比较。1999年，孔特和莱文发表了《银行主导型和市场主导型金融体系：德国比较》将“两分法”金融结构的研究推向了一个高潮。2002年，艾伦和盖尔出版了《比较金融系统》，以美、英、德、日、法五国金融体系为代表，系统地比较分析了银行主导型金融体系与市场主导型金融体系的生成机制、优缺点及对经济增长的促进作用，进一步系统化了“两分法”金融结构理论。国内学术界对于金融结构问题的研究始于20世纪80年代中期，90年代后期得以推广。综合起来，他们早期的研究主要是金融结构的构成问题，其后是关于金融结构的实证研究，现在更多的主要是进行综合性的研究。

（四）金融市场结构

如果将上述“市场结构”和“金融结构”两个概念结合在一起并将其运用到金融市场的分析之中，就可以得到金融市场结构的概念。但本文中的市场结构定义与产业组织理论对市场结构的定义有所不同，产业组织理论中的市场结构是按照市场垄断和竞争程度来划分的，而这里的市场结构则是根据金融市场的构成要素及其功能的内在逻辑关系来划分的。

所谓金融市场结构，是指金融市场的各个子市场及其组成要素在经济体系中的构成状态。具体地说，金融市场结构是指各个金融子市场及其组成要素在经济体系中的存在、分布、运行以及相互适应、相互作用和相互联系所形成的框架状态。这一框架状态可能是有形的，如存在、分布、排列的状态等；也可能是无形的，如功能、行为、机制、效率、竞争力的状况等。金融市场结构同金融资产结构和金融产业结构一样乃是一国金融结构的重要组成部分，一国金融市场的结构变化最能反映其金融结构和金融发展的变化。一国金融市场的发展程度不仅仅表现在金融要素数量或规模的扩张上，更重要的是表现在结构的合理上。金融市场结构是一国金融市场发展质量的根本体现，金融市场结构的合理与否不仅是衡量一国金融市场自身发展水平高低的主要标准，而且也是衡量一国金融市场效率高低和核心竞争力与可持续发展力大小的重要尺度。因此，从一定意义上说，金融市场的发展过程实际上就是金融市场结构不断演变和优化的过程。

本章所讨论的金融市场结构，主要是指中国金融体系中的货币市场、资本市场、外汇市场、保险市场、黄金市场和金融衍生市场及其组成要素的存在形式、分布范围、运行状态、比例规模以及相互作用与相互联系的机制等所组成的框架状态。

二、金融市场结构的特点

金融市场结构是一国金融市场发展状况的集中体现，金融市场结构的合理与否不仅是衡量金融市场自身发展水平高低的主要标准，而且也是衡量金融市场运行与交易效率高低和核心竞争力与可持续发展力大小的重要尺度。因此，通过优化金融市场结构，可以发挥金融市场的整体功能，促进国民经济又好又快发展；可以增强金融市场的核心竞争力，保持其在国际竞争中的有利地位；可以提高金融市场的运作效率，促进各个子市场健康协调发展；可以分散金融风险，增强金融市场发展的稳定性；可以较好地贯彻中央银行的货币政策，保证国家宏观调控目标的顺利实现。

金融市场结构作为一国金融发展的重要变量和要素，具有稳定性、动态性、层次性、复杂性、创新性等特点。

1. 稳定性。金融市场结构的稳定性是指金融市场的结构一旦形成，就会在一定时期内保持相对的稳定和连续。特别是金融市场主体适应了这种特定的金融市场结构后，就会形成与之相适应的思维定式和行为惯性，从而成为维持这种金融市场结构及其稳定性的一种力量。同时，构成金融市场的各个组成部分的分布、存在、运行、相对规模及其相互关系的调整变化也需要一定的条件，这些条件的形成以及它们对金融市场结构变化的影响更需要一定的时间和过程。因此，金融市场结构的变化并不是频繁而迅速的。

2. 动态性。金融市场结构的动态性是指金融市场结构不是一成不变的，而是处于一种由低级到高级的演进趋势之中。不论从理论上看，还是从实践上看，一国金融市场结构应始终与其金融市场发展的程度相适应。金融市场结构的稳定性只是一种相对状态，随着经济社会和金融市场发展程度的变化，决定和影响金融市场结构的条件将会发生改变，从而导致原有金融市场结构或其中的某些要素越来越不适应金融市场发展的新要求，当金融市场主体都产生调整和变化的动机时，它们就会采取行动来突破现有金融市场结构的束缚，并引起金融市场结构的渐变。当这些行为发生的范围和力量达到一定程度时，就会出现大量的金融市场创新，进而引起金融市场结构发生重大变革和转型。

3. 层次性。金融市场结构的层次性是指金融市场结构随着经济金融发展水平的变化，而呈现出不同的阶段和层次。一定的金融市场发展水平决定一定的金融市场结构层次，金融市场结构层次总是随着金融市场发展水平的提高而不断升级和演进；反过来，金融市场结构层次每一次升级和演进必然带来金融市场的进一步发展和完善。虽然金融市场结构层次的每一次升级和演进的动因、背景、条件和环境不同，甚至每一次升级和演进的程度也不尽一样，但是每一次升级和演进都是金融市场发展中内部矛盾斗争激化的结果，具有一定的客观必然性。

4. 复杂性。金融市场结构的复杂性是指金融市场结构是一个相对独立、纵横交错、多相交叉的，时间和空间相协调、静态与动态相结合的，多元素、多变量、多层次、多功能集合而成的多维复合性系统。[①] 首先，金融市场结构是一个纵横交错、多相交叉的开放性系统。从纵向看，金融市场结构包括了宏观管理结构、中观市场结构和微观基础结构的相互协调；从横向看，金融市场结构包括了主体结构、工具结构、价格结构、交易结构和中介结构的有机联系等。其次，金融市场结构是一个时间和空间相协调、稳定和动态相结合的运动系统。要保证金融市场整体功能的发挥，就必须使其各组成部分的运作在时间上协调同步，在空间上协调配合。同时，既要保持金融市场结构的相对稳定性，又要根据条件变化及时进行调整和创新。最后，金融市场结构是一个多元素、多变量、多层次、多功能集合而成的有机系

① 王兆星：《中国金融结构论》，中国金融出版社 1991 年版，第 4 页。

统。金融市场结构将具有不同特点和不同功能的金融子市场加以整合和协调，形成一个有机的整体，从而产生一种远大于各个子市场功能之和的总体功能。当每个子市场或组成要素独立存在和运作时，其功能和作用可能会受到一定的限制，甚至由于相互摩擦而时期功能相互抵消或削弱，只有将它们协调起来融为一体时，才能使其整体功能达到最优或最大。

5. 创新性。金融市场结构的创新性是指金融市场结构的升级和演进离不开金融创新，都是在金融创新的推动下实现的。当旧的金融市场结构不能适应金融市场发展的新要求时，便会产生新的矛盾和冲突，并阻碍或制约金融市场的发展。如果仅依靠原有层次上的数量扩张不能解决矛盾和冲突时，只能通过金融创新才能使之发生质的变化，从而形成新的更具有适应性的金融市场结构。实践证明，金融创新是金融市场结构变迁的主要动力。没有金融创新，就没有金融市场结构的变迁，没有金融市场结构的变迁，就不会有金融市场的快速发展。

第二节 金融市场的供求结构及其均衡分析

在现实经济生活中，金融市场的供给结构恰好等于经济社会发展对金融市场的需求结构，即金融市场的供给结构与需求结构处于一种均衡状态的状况是非常偶然的，而不均衡状态才是其真正的常态。为此，需要研究影响金融市场供求结构的原因以及实现供求均衡的条件，以便对中国金融市场结构的调整与优化作出更加合理的路径选择和构建更加科学务实的发展战略。

一、金融市场供给结构分析

金融市场的供给结构是指现实经济社会生活中客观存在的金融市

场结构，对它可以从以下几个方面进行分析。

1. 从金融市场结构的组成要素角度分析。金融市场结构是金融体系中各个子市场及其组成要素的存在、分布、运行及其相互作用和联系的有机状态。因此，金融市场的供给结构也就是现实经济社会生活中的现有金融子市场及其组成要素的客观状态。具体地说，金融市场供给结构就是金融市场的交易主体、金融工具、交易价格以及交易方式等方面的集合。

如果记金融供给为 S_f，金融交易主体为 S_{fz}，金融工具为 S_{fg}，交易价格为 S_{fj}，交易方式为 S_{fs}，其他要素为 S_{fx}，则金融市场的总供给结构可用下式表示：

$$S_f = S_{fz} + S_{fg} + S_{fj} + S_{fs} + S_{fx} \tag{2-1}$$

2. 从金融交易主体的供给角度分析。在金融市场中，参与金融市场交易的供给主体主要有金融机构、企业、政府、国外机构和家庭（个人）。并将它们分别表示为 S_{fz1}、S_{fz2}、S_{fz3}、S_{fz4} 和 S_{fz5}，则金融市场上参与主体的总供给结构可表示为：

$$S_{fz} = S_{fz1} + S_{fz2} + S_{fz3} + S_{fz4} + S_{fz5} \tag{2-2}$$

3. 从金融产品（工具）的供给角度分析。在金融市场中，金融工具丰富多样，从类型上看，它们分别是由商业银行、证券市场、保险市场、外汇市场、黄金市场和金融衍生市场等设计、开发并推出的。现将这些金融市场上提供的金融工具分别是记为 S_{fg1}、S_{fg2}、S_{fg3}、S_{fg4}、S_{fg5} 和 S_{fg6}，以此类推，第 n 种市场提供的金融工具或产品记为 S_{fgn}，则金融市场所提供的金融工具的总供给结构可表示为：

$$S_{fg} = S_{fg1} + S_{fg2} + S_{fg3} + S_{fg4} + S_{fg5} + S_{fg6} + \cdots + S_{fgn} \tag{2-3}$$

4. 从交易价格的供给角度分析。在金融市场上，各种金融产品或金融工具的交易价格是非常繁多的，现将商业银行提供的各种利率产品的价格合记为 S_{fj1}，将证券市场提供的各种股票价格、债券价格和基金价格等合记为 S_{fj2}，将保险市场提供的各种保险产品的交易价格合记为 S_{fj3}，将外汇市场上提供的各种外汇产品的交易价格合记为 S_{fj4}，将黄金市场上提供的各类黄金产品的交易价格合记为 S_{fj5}，将金融衍生市场上提供的各类金融期货的交易价格合记为 S_{fj6}，第 n 种市场提供的交

易价格记为 S_{fjn}，则整个金融市场所提供的交易价格的总供给结构可表示为：

$$S_{fj} = S_{fj1} + S_{fj2} + S_{fj3} + S_{fj4} + S_{fj5} + S_{fj6} + \cdots + S_{fjn} \tag{2-4}$$

5. 从交易方式的供给角度分析。在金融市场上，金融交易方式主要四种，即场内交易方式、柜台交易方式、第三市场和第四市场，现将它们分别记为 S_{fs1}、S_{fs2}、S_{fs3} 和 S_{fs4}，其他交易方式记为 S_{fsn}，则整个金融市场的交易方式的总供给结构可表示为：

$$S_{fs} = S_{fs1} + S_{fs2} + S_{fs3} + S_{fs4} + S_{fsn} \tag{2-5}$$

二、金融市场需求结构分析

金融市场需求结构是指现实经济社会发展对金融市场产生的客观需要所形成的金融市场结构。从根本上说，金融市场是为经济发展服务的，而实际经济社会发展过程则形成一定的经济结构，具体包括产业结构、产品结构、地区结构与所有制结构等。它们对金融产品、金融工具和金融服务的需求是不完全相同的，从而产生不同的金融市场需求结构。对于金融市场的需求结构的分析也可以从以下几个方面分析。

1. 从经济社会发展对金融市场要素资源的配置需求的角度分析。金融市场需求结构要受到经济结构的决定和影响，不同的经济结构对金融参与主体、金融产品（工具）、交易价格和交易方式等金融市场要素的需求结构是不同的。金融市场的需求结构可以看做是金融市场要素结构的集合。如果记金融供给为 D_f，金融交易主体为 D_{fz}，金融工具为 D_{fg}，交易价格为 D_{fj}，交易方式为 D_{fs}，其他要素为 D_{fx}，则金融市场的总需求结构可表示为：

$$D_f = D_{fz} + D_{fg} + D_{fj} + D_{fs} + D_{fx} \tag{2-6}$$

2. 从金融交易主体的需求角度分析。在金融市场中，参与金融市场交易的需求主体主要有金融机构、企业、政府、国外机构和家庭（个人）。并将它们分别表示为 D_{fz1}、D_{fz2}、D_{fz3}、D_{fz4} 和 D_{fz5}，则金融市场上参与主体的总需求结构可表示为：

$$D_{fz} = D_{fz1} + D_{fz2} + D_{fz3} + D_{fz4} + D_{fz5} \tag{2-7}$$

3. 从金融产品（工具）的需求角度分析。在金融市场中，不同的市场参与主体对各个金融市场提供的金融工具的需求是不同的，现将各市场参与主体对分别由商业银行、证券市场、保险市场、外汇市场、黄金市场和金融衍生市场等提供的金融工具的需求分别记为 D_{fg1}、D_{fg2}、D_{fg3}、D_{fg4}、D_{fg5} 和 D_{fg6}，以此类推，对第 n 种市场提供的金融工具或产品的需求记为 D_{fgn}，则金融市场上对各种金融工具的总需求结构可表示为：

$$D_{fg} = D_{fg1} + D_{fg2} + D_{fg3} + D_{fg4} + D_{fg5} + D_{fg6} + \cdots + D_{fgn} \tag{2-8}$$

4. 从交易价格的需求角度分析。在金融市场上，各种金融市场所提供的交易价格是不同的，现将各市场参与主体对各个金融市场提供的交易价格的需求分别表示，即对商业银行提供的各种利率产品的需求价格记为 D_{fj1}，对证券市场提供的各种股票价格、债券价格和基金价格的需求等记为 D_{fj2}，对保险市场提供的各种保险产品交易价格的需求记为 D_{fj3}，对外汇市场上提供的各种外汇产品交易价格的需求记为 D_{fj4}，对黄金市场上提供的各类黄金产品交易价格的需求记为 D_{fj5}，对金融衍生市场上提供的各类金融衍生产品交易价格的需求记为 D_{fj6}，对第 n 种市场提供的各种产品交易价格的需求为 D_{fjn}，则对整个金融市场所提供的交易价格的总需求结构可表示为：

$$D_{fj} = D_{fj1} + D_{fj2} + D_{fj3} + D_{fj4} + D_{fj5} + D_{fj6} + \cdots + D_{fjn} \tag{2-9}$$

5. 从交易方式的供给角度分析。在金融市场上，金融交易方式主要四种，即场内交易方式、柜台交易方式、第三市场和第四市场，现将市场参与主体对它们需求分别记为 D_{fs1}、D_{fs2}、D_{fs3} 和 D_{fs4}，其他交易方式记为 D_{fsn}，则整个金融市场对交易方式的需求结构可表示为：

$$D_{fs} = D_{fs1} + D_{fs2} + D_{fs3} + D_{fs4} + D_{fsn} \tag{2-10}$$

三、金融市场供求结构的均衡分析

所谓金融市场的供求结构均衡是指金融市场的供给结构与需求结构在时间和空间上的相互适应和相互吻合，大体上处于一致的状态。

从金融市场要素构成的角度来看，就是现实社会经济生活中客观存在的金融市场要素结构正好与社会经济发展对各种金融市场要素的需求结构相一致。也就是说，现实社会经济生活中的金融产品（工具）、金融机构、交易价格、交易方式以及监管方式等可以刚好满足社会经济发展对这些金融市场要素的需求，既不多也不少。这种金融市场供求结构均衡的形式可以由上述公式（2–1）与公式（2–6）相等来表示，即如下式（2–11）所示。

即$S_f = D_f$，或者，

$$\begin{pmatrix} S_{fz} \\ S_{fg} \\ S_{fj} \\ S_{fs} \end{pmatrix} = \begin{pmatrix} D_{fz} \\ D_{fg} \\ D_{fj} \\ D_{fs} \end{pmatrix} \tag{2-11}$$

1. 如果从金融交易主体的供求结构均衡分析。可用公式（2–12）表示。

即$S_{fz} = D_{fz}$，或者，

$$\begin{pmatrix} S_{fz1} \\ S_{fz2} \\ S_{fz3} \\ S_{fz4} \\ S_{fz5} \end{pmatrix} = \begin{pmatrix} D_{fz1} \\ D_{fz2} \\ D_{fz3} \\ D_{fz4} \\ D_{fz5} \end{pmatrix} \tag{2-12}$$

2. 如果从金融产品（工具）的供求结构均衡分析。可用公式（2–13）表示。

即$S_{fg} = D_{fg}$，或者，

$$\begin{pmatrix} S_{fg1} \\ S_{fg2} \\ S_{fg3} \\ S_{fg4} \\ S_{fg5} \\ S_{fg6} \\ \vdots \\ S_{fgn} \end{pmatrix} = \begin{pmatrix} D_{fg1} \\ D_{fg2} \\ D_{fg3} \\ D_{fg4} \\ D_{fg5} \\ D_{fg6} \\ \vdots \\ D_{fgn} \end{pmatrix} \tag{2-13}$$

3. 如果从交易价格的供求结构均衡分析。可用公式（2–14）表示。

即$S_{fj}=D_{fj}$，或者，

$$\begin{pmatrix} S_{fj1} \\ S_{fj2} \\ S_{fj3} \\ S_{fj4} \\ S_{fj5} \\ S_{fj6} \\ \vdots \\ S_{fjn} \end{pmatrix} = \begin{pmatrix} D_{fj1} \\ D_{fj2} \\ D_{fj3} \\ D_{fj4} \\ D_{fj5} \\ D_{fj6} \\ \vdots \\ D_{fjn} \end{pmatrix} \tag{2–14}$$

4. 如果从交易方式的供求结构均衡分析。可用公式（2–15）表示。

即$S_{fs}=D_{fs}$，或者，

$$\begin{pmatrix} S_{fs1} \\ S_{fs2} \\ S_{fs3} \\ S_{fs4} \\ S_{fsn} \end{pmatrix} = \begin{pmatrix} D_{fs1} \\ D_{fs2} \\ D_{fs3} \\ D_{fs4} \\ D_{fsn} \end{pmatrix} \tag{2–15}$$

第三节 金融市场供求结构的失衡及其调节

一、金融市场供求结构失衡的主要表现

金融市场供求结构失衡是指金融市场的供给结构与金融市场的需求结构不吻合或不相适应，处于一种不一致的状态。从金融市场要素结构的角度分析，就是现实经济社会生活中客观存在的金融市场要素结构与经济社会发展对金融市场要素的需求的结构不相一致；从金融

产品（工具）的结构分析，就是社会各个金融市场或金融产业部门所提供的金融产品（工具），大于或小于社会各经济主体对它们的需求。在这两种状态下，都会出现“金融过剩”或“金融短缺”的现象，并且形成结构性矛盾。用公式（2–16）表示。

即$S_f \neq D_f$，或者，

$$\begin{pmatrix} S_{fz} \\ S_{fg} \\ S_{fj} \\ S_{fs} \end{pmatrix} \neq \begin{pmatrix} D_{fz} \\ D_{fg} \\ D_{fj} \\ D_{fs} \end{pmatrix} \tag{2-16}$$

金融市场供求结构的失衡总的表现为金融市场供给结构和金融市场需求结构两者相互偏离。但是造成它们偏离的原因是多方面的，既可能来自供给方面，也可能来自需求方面，并且，在不同力量的作用下，供求结构互相偏离的性质也是不同的。具体说来，金融市场供求结构失衡的表现主要有以下四种：①金融市场供给结构一定，由于金融市场需求不足而引起的需求滞后型的金融市场供求失衡；②金融市场供给结构一定，由于金融市场需求过旺而引起的需求超前型的金融市场供求失衡；③金融市场需求一定，由于金融市场供给不足而引起的供给短缺型的金融市场供求失衡；④金融市场需求一定，由于金融市场供给膨胀而引起的供给过剩型的金融市场结构失衡。至于金融市场供、需求结构同时变动，但变动的方向和幅度不一致所引起的金融市场结构失衡可视具体情况分别归属于上述四种类型。在上述四种结构失衡表现中，大致可将第一、第四两种归为“供过于求”型，将第二、第三两种归为“供不应求”型。

二、金融市场供求结构失衡的调节

从本质看，无论上述哪种金融市场结构的失衡状态都意味着金融市场结构内部的不合理，其结果都将导致金融市场与经济发展发生摩擦，金融市场效率降低，金融市场整体功能不能得到充分发挥，金融市场的国际竞争力减弱等。因此，必须对其加以调节。

为了便于分析，假定初始的金融市场供求结构处于均衡状态。金融市场结构失衡的调节就是指对在初始金融市场供求结构均衡的基础上产生的金融市场供求结构的相互偏离进行调整，使之达到新的均衡状态。根据金融市场供求结构失衡的类型，一般应采取以下相应的措施。

1. 对需求滞后型失衡状态的调节。由于这种类型的失衡原因是金融市场需求不足，因此调节的重点应放在需求结构一方。通过增加金融市场的需求，调节和提升金融市场需求结构的层次，使金融市场需求结构适应供给结构。其主要措施是积极调整产业结构、促进经济增长、增加居民收入、深化金融改革、改善企业法人治理结构、消除抑制金融市场需求因素等。

2. 对需求超前型失衡状态的调节。这种类型失衡的推动力量是需求超前，但需求超前可分为两种情况：一种是由于经济金融的快速发展，产业结构调整加快，企业改革深入，居民收入增加以及对外开放扩大等所引起的金融市场需求结构的变动，应该说这种金融市场需求的增加及其金融市场结构的变动都是合理的；另一种是由于宏观调控政策松动、企业投资过热、投机冲动等所导致的金融市场需求结构变动。显然，这种情况常常是由于某些短期因素的刺激造成的，因而是畸形的、不合理的。对于这两种不同性质的金融市场需求结构的变动，调节的重点和方式也就截然不同。对于前一种情况，调节的重点在于供给结构，通过增加金融市场供给，使供给结构适应需求结构的变动。由于决定金融市场供给的主要因素有金融创新、金融深化、科技水平、对外开放等，因此要加大金融创新力度，深化金融改革，提高科技吸收能力，扩大金融对外开放等，以增加金融市场的供给或调节金融市场的供给结构。对后一种情况引起的供求结构失衡的调节重点应在于纠正畸形的需求结构，改变不合理的需求行为等。这主要应从国家的宏观调控政策方面采取相应措施。

3. 对供给短期型失衡状态的调节。这种供求结构失衡的推动力量主要来自金融市场供给结构变动的一方，是金融市场供给不足造成的。当然，对这种情况下的供求结构失衡的调节，也要进行具体的分析。问题的关键在于已知的金融市场需求结构是否合理，如果合理，那么调节的重点就是改善供给结构，增加金融市场供给，以适应金融市场需求结构的变动；相反，如果金融市场需求结构是不合理的，存在着“金融早熟”的成分，那么，其调节的重点应是需求结构，通过压缩金融市场“需求泡沫”，调整不合理的金融市场需求结构，使之与金融市场供给结构的变动相适应。

4. 对供给过剩型的失衡状态的调节。由于这种供求结构失衡的推动力量是来自金融市场供给的一方，因此其调节的重点是供给结构。不过，供给结构变动是直接由金融市场供给膨胀造成的。决定金融市场膨胀并引起金融市场供给结构不合理变动的因素主要宏观经济政策变动、金融技术创新、金融工具创新以及金融市场对外开放等。由于这些因素的变动，可能导致某种金融产品短期内集中供给、金融机构网点盲目增设、金融市场中的个别子市场过度繁荣等情况的出现，结构是金融市场供给过度，供给结构变化与需求结构发生了偏离。所以，其主要调节措施是压缩金融市场的“供给泡沫”，使之与金融市场需求结构相适应，进而实现金融市场供求结构的均衡。

第四节 金融市场结构的优化

金融市场结构的优化是一个相对概念，它不是指金融市场结构达到帕累托最优的状态，而是指对金融市场结构进行帕累托改进，使之不断接近于帕累托最优状态的一种过程。[①] 通过金融市场结构的优化，进而实现与一国经济社会发展阶段相匹配的最适金融市场结构。所谓

---

① 蔡则祥：《金融结构优化论》，中国社会科学出版社 2006 年版，第 95 页。

最适金融市场结构,[①] 是指实现金融市场结构与经济结构、金融结构、特别是产业结构的相互匹配，促进金融市场结构的合理化、高级化与梯度化协调一致，充分发挥金融市场的整体功能，提高金融市场运行和交易效率，规避金融风险，进一步增强金融市场的核心竞争力，为国民经济发展提供强有力金融支持的一种状态。金融市场结构优化既是一国金融市场自身发展的内在要求，也是转变一国经济增长方式的客观需要。

一、金融市场结构优化的主要内容

从内容上说，金融市场结构的优化是指金融市场结构不断合理化、高级化和梯度化的过程，这一具体过程可用图 2-1 表示。其中，金融市场结构的合理化、高级化和梯度化则是金融市场结构优化的三个基本尺度。

所谓金融市场结构的合理化，是指金融市场中的各个子市场及其组成要素之间的相互适应、相互配合和相互协调的过程。它具体表现为各子市场能够适应经济发展的需要、各个子市场之间均衡发展以及各子市场内部组成要素比例的合理搭配等。它反映了金融市场与国民经济发展之间的综合协调特征。

所谓金融市场的高级化，是指金融市场结构层次由简单到复杂、由低级到高级、由封闭到开放的转换和提升的过程。它具体表现为金

---

① 这一提法得益于林毅夫教授“最适金融结构”思想的启发（教育部 2006 年人文社科百所重点研究基地重大项目“经济发展中的最适金融结构理论初探”）。林毅夫教授认为“金融体系是实现资金配置的主要渠道，一国在一定发展阶段的最适金融结构内生决定于该国在该阶段的要素禀赋结构，是客观的，不以人的意志而转移。”“处在一定发展阶段的经济体中的最适金融结构应当是：金融体系的各种金融制度安排的构成及其相互关系与要素禀赋结构所内生决定的实体经济的产业、产品、技术结构和企业的特征相互匹配；随着要素禀赋结构的提升、实体经济产业和技术结构的变迁，该经济体的最适金融结构也会内生地相应演变”。“判断某国的金融结构是否合理、金融体系是否的主要标准，不是其与发达国家的金融结构有什么样的差距，而是与本国的经济发展阶段和相应的实体经济结构是否相适应”。根据内生最适金融结构理论，我们可以推出结论，即处于不同发展阶段的经济体的最适金融市场结构是不尽相同的。

融市场主体的日益成熟、金融工具的不断丰富、交易价格的逐步合理和交易组织方式的不断改进与创新等。金融市场结构高级化主要表现为金融市场结构纵向层次的提升，它反映了金融市场在国民经济发展中的深度和广度特征。

所谓金融市场的梯度化，是指金融市场结构在规模、区域、层次、期限和交割时间上由小到大、由单一到多层、由垄断到竞争、由低到高、由发达地区到落后地区、由城市到农村、由境内到境外、由短期到长期、由现货交易到期货交易等渐次发展的过程。它具体表现为金融市场结构的微观、中观和宏观等多个层次的合理安排与搭配。它反映了金融市场在国民经济发展中的不均衡特征。

从具体时间来看，金融市场结构优化在某一特定阶段内的内容是有所侧重的。在金融市场结构优化的某一特定阶段，可以根据金融市场结构的实际情况，安排金融市场结构优化的重点。一般来说，在金融市场结构严重不合理、结构性矛盾加剧，严重影响经济发展的情况下，金融市场结构优化的重点就是合理化问题。而在金融市场结构优化的长期过程中，则应把合理化同梯度化与高级化有机地结合起来，以金融市场结构的合理化促进梯度化和高级化，以金融市场结构的梯度化和高级化带动合理化。在金融市场结构合理化过程中实现金融市场结构高级化和梯度化的发展，在金融市场结构高级化和梯度化过程中实现金融市场结构的合理化。只有这样，才能真正实现金融市场结构的优化。

当然，如何评价金融市场结构的合理化、高级化和梯度化，则是能否正确判断金融市场结构优化程度的关键。为了较好评估一国金融

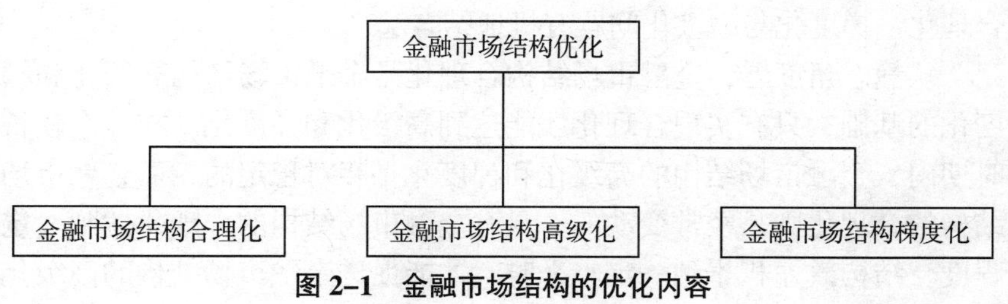

图 2–1 金融市场结构的优化内容

市场结构的优化状态，有必要建立一个简明扼要而且易于操作的指标体系。根据金融市场结构优化的内容，这一指标体系具体包括三类指标，即一级指标、二级指标和操作指标（详细内容参见第四章）。

二、金融市场结构优化的主要步骤

在具体实施金融市场结构优化的过程中，首先，要明确优化的内容，即合理化、高级化还是梯度化；其次，根据优化的内容，确定优化的基本指标；再次，在明确基本指标的基础上，进一步细化二级指标；最后，根据二级指标，确定优化的操作指标和突破口。金融市场结构优化的主要步骤可用图 2–2 表示。

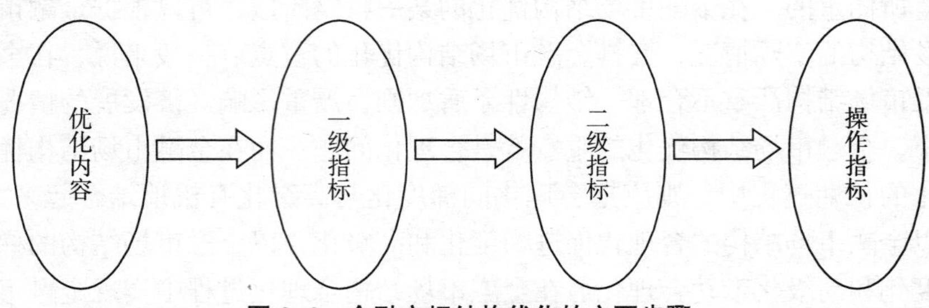

图 2–2　金融市场结构优化的主要步骤

三、金融市场结构优化的模型

金融市场结构优化模型是由金融市场结构的合理化、高级化和梯度化三个方面共同决定的。在金融市场结构优化的全过程中，必须将合理化、梯度化与高级化问题有机地结合起来。

从静态角度看，金融市场结构合理化是金融市场结构高级化和梯度化的基础，只有实现合理化才能达到高级化和梯度化。在一个较长时期内，金融市场结构的高级化和梯度化是相对稳定的，而金融市场结构的合理化则是经常变动的。只有金融市场结构的合理化达到一定程度，结构效益积累到一定水平时，才能促进金融市场结构的高级化和梯度化。

从动态角度看，金融市场结构的高级化和梯度化与金融市场结构的合理化是相互渗透、交互作用的。其中，金融市场结构的合理化是金融市场结构高级化的基础，只有先进行合理化，才能实现高级化；金融市场结构的高级化是金融市场结构梯度化的前提，只有先进行高级化，才能实现梯度化。金融市场发展水平越高，其对结构合理化的要求也越高；而要实现金融市场结构的合理化，就必须在其高级化和梯度化的动态过程中进行。总之，金融市场结构的合理化、高级化和梯度化三者之间是相互联系、相互作用、相互配合的关系，它们共同决定了金融市场结构的优化程度。金融市场结构优化的模型可用图2–3表示。

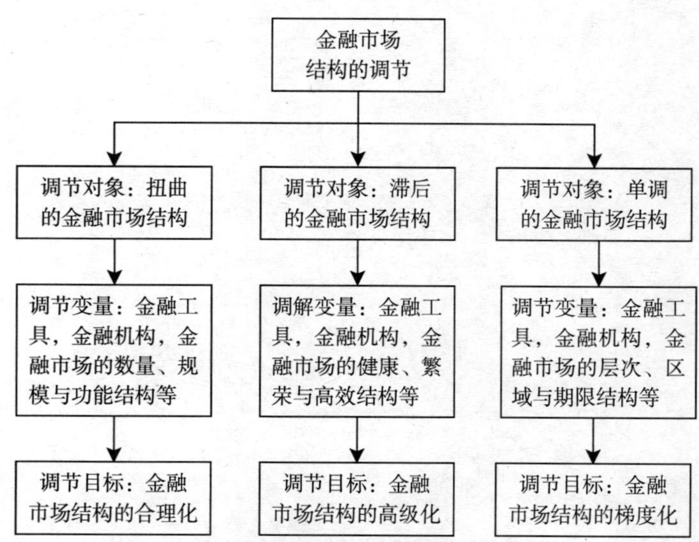

图 2–3　金融市场结构的优化模型

第三章 中国金融市场结构总体考察：现状、特征与问题

第一节 中国金融市场结构的现状

金融市场结构总是同一定时期内金融市场的创新与发展状况密切联系在一起的，它是从质和量的角度来综合反映该时期金融市场创新与发展的广度和深度。中国金融市场从20世纪80年代开始起步，经过二十多年的探索、改革、创新与发展，现已基本形成了一个初具规模、种类齐全、层次清楚、分工明确、功能互补、主体活跃、工具多样、运行协调、设施完善、环境优良的金融市场体系。这一状况决定了中国金融市场结构的现状可以概括为以下几个方面。

一、市场类型日趋合理，市场规模不断扩大

1. 中国建立了比较完善的货币市场，市场交易活跃，成交量（额）快速增长。中国的货币市场主要包括银行同业间拆借市场、银行间债券市场、回购市场、银行间外汇市场和票据市场等（具体情况参见表3–1、表3–2、表3–3、表3–4、表3–5、表3–6所示）。1996年1月建立全国统一的同业拆借市场，并第一次形成了全国统一的同业拆借市场利率（CHIBOR）。自1996年6月起，中国人民银行取消了同业拆借利率上限，全面放开拆借利率。统一拆借市场的形成，结

束了市场分割、多头拆借的局面，规范了各金融机构的拆借行为，提高了银行之间融通资金的效率，推进了利率市场化，并为中央银行加强宏观调控提供了条件。同业拆借市场已成为金融机构管理头寸的主要场所。1997 年 6 月，中国建立了银行间债券市场，允许商业银行等金融机构进行国债和政策性金融债的回购和现券买卖。目前银行间债券市场已成为发展最快、规模最大的资金市场，并成为中央银行公开市场操作的重要平台。中国的票据市场以商业票据为主，近年来这一市场在规范中稳步发展。票据市场正逐步成为企业短期融资和银行提高流动性管理、规避风险的重要途径，同时也为中央银行实施货币政策提供了一个传导机制。到 2005 年，公开市场共发行央行票据 124 期，面值 27462 亿元。发行额是 2002 年初次发行央行票据金额的 14 倍，票据期限以 1 年期和 3 个月期为主体，两者占总发行量的 78%。另外，2005 年，中国票据贴现和再贴现余额与累计票据贴现及再贴现额也分别有了大幅增长。

表 3–1　1996~2005 年中国金融市场总体结构

单位：亿元人民币

年份	货币市场		资本市场		外汇市场		保险市场		黄金市场	
	交易额	交易额/GDP	市值	市值/GDP	交易额	交易额/GDP	保费收入	保费收入/GDP	交易额	交易额/GDP
1996	13376	0.2	13014	0.19	5471	0.08	777	0.012	—	—
1997	13128	0.18	21628	0.30	5805	0.08	1088	0.015	—	—
1998	9251	0.12	25413	0.33	4175	0.05	1248	0.016	—	—
1999	15990	0.20	32445	0.40	2603	0.03	1393	0.017	—	—
2000	39749	0.45	54476	0.62	3491	0.04	1595	0.018	—	—
2001	80223	0.84	51143	0.53	6210	0.06	2109	0.022	—	—
2002	157862	1.52	47663	0.46	8044	0.08	3053	0.029	—	—
2003	252747	2.17	53657	0.46	12506	0.11	3880	0.033	246	0.002
2004	226500	1.42	49316	0.31	17302	0.11	4318	0.027	731	0.005
2005	371371	2.04	48337	0.27	—	—	4927	0.027	1070	0.006

资料来源：根据 2006 年的《中国金融年鉴》、《保险年鉴》、《中国人民银行年报》、《中国证券期货统计年鉴》的相关数据汇总得出。并参考李健：《中国金融发展中的结构问题》，中国人民大学出版社 2004 年版，第 162 页表格的内容。

表 3–2　1996~2005 年中国货币市场交易额结构

单位：亿元人民币

年份	同业拆借	银行间市场债券回购	银行间市场现券买卖	商业票据市场			央行票据	交易总额
				承兑	贴现	再贴现		
1996	5871	—	—	3890	2265	1350	—	13376
1997	4149	307	—	4600	2740	1332	—	13128
1998	989	1021	—	3840	2400	1001	—	9251
1999	3291	3949	75	5076	2449	1150	—	15990
2000	6728	15782	683	7442	6447	2667	—	39749
2001	8082	40133	839	12843	15548	2778	—	80223
2002	12107	101885	4412	16139	23073	246	—	157862
2003	24113	117203	30848	27700	44400	1100	7750	252714
2004	14556	93105	25041	33500	45000	227	15071	226500
2005	12784	159000	60100	44500	67500	25	27462	371371

资料来源：根据《中国金融年鉴》(2006)、《中国金融市场统计》(2006)、《中国货币市场》(2006) 的有关数据汇总得出。

表 3–3　1998~2005 年中国银行间同业拆借市场交易主体结构

单位：家

	机构类别＼年份	1998	1999	2000	2001	2002	2003	2004	2005
1	国有独资商业银行及其授权银行	48	50	52	55	55	55	55	52
2	股份制商业银行及其授权银行	31	42	60	68	74	78	83	87
3	城市商业银行	77	84	87	92	100	76	68	82
4	外资银行	9	11	33	31	32	34	37	46
5	财务公司	0	0	20	25	25	32	31	29
6	农村信用社	0	99	148	142	136	128	132	138
7	证券公司	0	7	14	22	32	46	58	64
8	城市信用社	0	0	0	42	79	159	178	176
9	其他	2	3	3	3	3	8	14	21
	合计	167	296	417	490	536	616	656	695

资料来源：《中国证券期货统计年鉴》(2006)，中国人民银行金融市场运行报告。

表 3-4 2002~2005 年中国银行间债券市场交易主体结构

单位：家

序号	机构类别	2002 年	2003 年	2004 年	2005 年
1	银行	188	204	225	348
2	证券公司	64	90	105	227
3	基金管理公司	3	5	11	16
4	基金	70	109	169	314
5	信托公司	26	34	59	75
6	财务公司	36	44	42	46
7	租赁公司	2	6	8	12
8	信用社	492	600	623	725
9	保险公司	24	61	108	150
10	其他	9	13	14	17
11	非金融机构法人	37	1729	2619	3578
	合计	951	2895	3983	5508

资料来源：《中国证券期货统计年鉴》（2006）。

表 3-5 1997~2005 年中国票据融资与金融机构短期贷款结构

单位：亿元人民币

年份	商业汇票承兑		商业汇票贴现		金融机构短期贷款	
	期末余额	占比（%）	期末余额	占比（%）	期末余额	占比（%）
1997	1335	2	581	1	54837	97
1998	1595	3	547	1	60066	97
1999	1873	3	552	1	63336	96
2000	3675	5	1536	2	64212	92
2001	5111	7	2795	4	64532	89
2002	7374	8	5200	6	74248	86
2003	12800	12	9234	8	87398	80
2004	14848	13	10200	9	86841	78
2005	19600	18	13800	11	87449	72

资料来源：《中国金融市场统计》（2006）、《中国金融年鉴》（2006）。

表 3-6 全国银行间同业拆借期限的比例结构（交易量占当年比例）(%)

年份	隔夜	7天内	8~20天	21~30天	31~60天	61~90天	90~120天
1996	2.2	26.6	10.0	15.3	25.5	13.1	7.3
1997	6.5	26.2	10.6	13.7	23.2	12.9	6.9
1998	5.9	22.5	14.5	22.6	18.4	10.5	5.6
1999	10.9	28.6	7.4	21.2	27.9	3.3	0.7
2000	7.7	63.7	12.0	5.0	9.2	2.3	0.1
2001	12.9	69.4	11.6	4.2	1.2	0.6	0.1
2002	16.6	70.4	8.3	2.4	0.9	0.4	1.0
2003	26.6	60.4	8.6	3.5	0.4	0.4	0.1
2004	17.8	71.7	8.0	1.3	0.7	0.4	0.2
2005	17.5	70.1	8.29	2.34	0.59	1.10	0.12

资料来源：根据 1997~2006 年各年的《中国金融年鉴》有关数据计算得出。

2. 资本市场在规范中不断发展，股票市场交易活跃，债券市场量价齐升。1990 年 10 月和 1991 年 4 月，上海证券交易所和深圳证券交易所先后成立。经过 20 年的改革和发展，中国已经形成了以债券和股票为主体的多种证券形式并存，包括证券交易所、市场中介机构和监管机构初步健全的全国性资本市场体系，有关交易规则和监管办法也正在日益完善（见表 3-7、表 3-8、表 3-9、表 3-12、表 3-13 及图 1-1 所示）。证券市场在改革投融资体制，促进产业结构调整，推动企业转换经营机制，完善企业法人治理结构等方面发挥了非常重要的作用。另外，债券发行规模的扩张，特别是国债和政策性金融债的扩张，也是推动中国金融资产规模扩张、改变金融资产结构的重要力量。在开始发行企业债和金融债的 1986 年，国债余额占各种债券余额的比重为 73%，1994 年以后，国债发行的绝对规模迅速攀升，国债发行额与 GDP 的比率也不断上升，1995 年新开辟了政策性金融债，形成了国债和政策性金融债共同主导债券市场的局面。具体地说：

（1）股票市场方面。截至 2005 年底，沪深两市上市公司 1381 家，新增 16 家，退市 12 家；总市值和流通市值分别为 32430.28 亿元和 10630.51 亿元，比上年年底分别下降 12.49%和 9.05%；投资者开户数 7336.07 万户，比上年底增加 120.33 万户，其中机构投资者 36.72 万户，比上年底增加 1.2 万户。

表 3-7　1996~2005 年资本市场筹资额与市价总值结构

单位：亿元人民币

年　份	筹资额			市价总值		
	股票市场	债券市场	合计	股票市场	债券市场	合计
1996	342	3172	3514	9842	3172	13014
1997	934	4099	5033	17529	4099	21628
1998	804	5907	6711	19506	5907	25413
1999	897	5974	6871	26471	5974	32445
2000	1541	6385	7926	48091	6385	54476
2001	1182	7621	8803	43522	7621	51143
2002	780	9334	10114	38329	9334	47663
2003	823	11199	12022	42458	11199	53657
2004	863	12260	13770	37056	12260	49316
2005	338	15907	16245	32430	15907	48337

资料来源：《中国证券期货统计年鉴》(2006)。

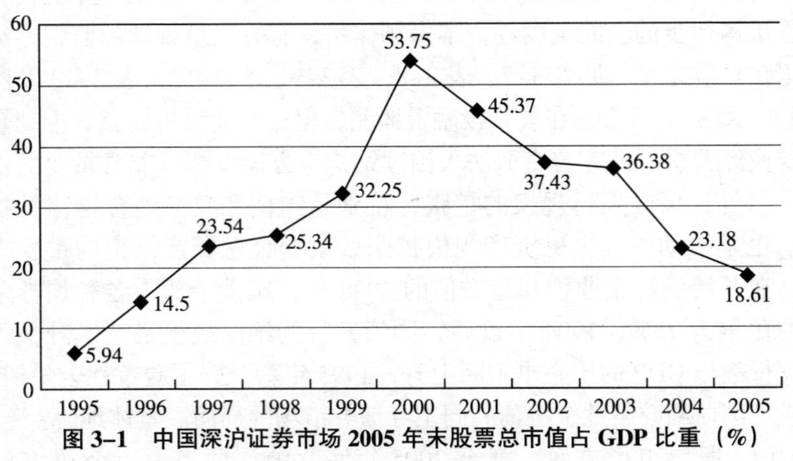

图 3-1　中国深沪证券市场 2005 年末股票总市值占 GDP 比重（%）

表 3-8　中国股票市场的股票发行与流通结构

年份	上市公司数（家）	股票发行总股本 A（亿股）	流通股本 B（亿股）	B/A（%）	成交量 C（亿股）	C/B
1992	53	73.22	21.18	28.93	36.90	1.74
1993	183	328.68	81.61	24.83	226.56	2.78
1994	291	639.47	185.63	29.02	1013.34	5.46
1995	323	765.63	234.98	30.69	705.31	3.00
1996	530	1110.36	345.56	31.11	2533.14	7.33
1997	745	1771.23	560.82	31.66	2560.02	4.56
1998	851	2345.35	740.94	31.59	2560.02	3.46
1999	949	2908.85	952.34	32.74	2932.39	3.08
2000	1088	3613.39	1233.32	34.13	4758.38	3.86
2001	1160	4838.36	1480.88	30.61	3152.29	2.13
2002	1224	5462.99	1679.94	30.75	3016.19	1.80
2003	1287	5997.94	1897.32	31.63	4163.08	2.19
2004	1377	6714.73	2194.15	32.68	5827.73	2.66
2005	1381	7163.54	2498.89	34.88	6623.73	2.65

资料来源：《中国证券期货统计年鉴》（2005）。

表 3-9　中国股票市场（2001~2007 年）整体结构

项　目	2001 年	2002 年	2003 年	2004 年	2005 年	2006 年	2007 年
会员总数	547	437	382	350	328	329	265
上市公司数目（家）	1160	1224	1287	1377	1381	1434	1550
上市股票数目（只）	1240	1310	1372	1463	1467	1520	1641
A 股	1130	1199	1261	1353	1358	1411	1532
B 股	110	111	111	110	109	109	109
股票总发行股本（亿股）	4838.35	5462.99	5997.93	6714.74	7163.54	12683.99	17000.45
A 股	4650.45	5283.64	5808.31	6505.83	6936.08	12445.65	16746.62
B 股	187.90	179.34	189.62	208.91	227.47	238.34	253.84
流通股本（亿股）	1480.88	1679.94	1897.32	2194.15	2498.89	3444.50	4933.64
A 股	1315.21	1508.43	1717.93	1996.65	2280.84	3215.54	4682.77

续表

项　目	2001 年	2002 年	2003 年	2004 年	2005 年	2006 年	2007 年
B 股	165.67	171.51	179.39	197.50	218.05	228.96	250.87
股票市价总值(亿元)	43522.20	38329.13	42457.71	37056.00	32430.28	89403.89	327141.00
A 股	42245.56	37526.56	41520.48	36309.00	31810.55	88113.96	324587.74
B 股	1276.65	802.57	937.23	746.00	619.73	1289.94	2553.15
股票流通市值(亿元)	14463.17	12484.56	13178.52	11689.00	10630.52	25003.64	93064.00
A 股	13344.90	11718.75	12305.92	10998.00	10028.44	23731.26	90526.52
B 股	1118.28	765.81	872.60	690.00	602.08	1272.38	2537.83
股票成交金额(亿元)	38305.18	27990.45	32115.27	42333.95	31664.78	90468.89	460556.23
A 股	33242.04	27142.04	31269.96	41576.19	31099.38	89217.11	454771.30
B 股	5063.13	848.41	845.30	757.76	565.40	1251.78	5784.93
总成交股数(亿股)	3152.29	3016.19	4163.08	5827.73	6623.73	16145.23	36403.75
A 股	2463.41	2859.49	3992.28	5672.91	6470.87	15808.62	35683.93
B 股	688.88	156.70	170.80	154.83	152.86	336.61	719.82
上证综合指数							
最高	2245.44	1748.89	1649.60	1783.01	1328.53	2698.90	6124.04
最低	1514.86	1339.20	1307.40	1259.43	998.23	1161.91	2541.53
收盘	1645.97	1357.65	1497.04	1266.50	1161.06	2675.47	5261.56
深证综合指数							
最高	664.85	512.38	449.42	470.55	333.28	552.93	1567.74
最低	439.36	371.79	350.74	315.17	237.18	278.99	547.89
收盘	475.94	388.76	378.63	315.81	278.75	550.59	1447.02

资料来源：《中国经济统计年鉴》(2008)。

2005 年 4 月 29 日，经过国务院批准，中国证监会发布《关于上市公司股权分置改革试点有关问题的通知》，股权分置改革试点宣告启动（见表 3-10、表 3-11 所示），标志着中国股票市场进入了深度调整时期。

表 3–10 2005 年股票市场股权分置改革历程

时 间	股改历程
5 月 9 日	首批 4 家试点公司名单公布
8 月 19 日	两批 46 家公司相继进行股改试点，其中 45 家股改方案通过
9 月 4 日	中国证监会发布并实施《上市公司股权分置改革管理办法》
9 月 7 日	沪深两交易所共同推出 40 家股改公司名单，股改由此全面打响
12 月 22 日	合计有 14 批股改公司名单亮相，323 家公司进入改革程序

资料来源：中国产业地图委员会编：《中国金融产业地图（2006~2007）》，社会科学文献出版社 2006 年版，第 26 页。

表 3–11 截至 2005 年沪深交易所上市公司股权分置改革情况

上海证券交易所	截至 2005 年，沪市共有 223 家上市公司进入股改程序，其中 G 股公司 125 家，公布方案未实施的公司 98 家。223 家公司总市值 7161.26 亿元，占市场比重为 32.33%；流通市值 2450.42 亿元，占市场比重 37.62%。 试点阶段，沪市 31 家公司召开股东大会，30 家通过股改方案，1 家被否决；重点推进阶段，截至 2005 年，136 家公司召开相关股东会议，132 家通过股改方案，4 家被否定。
深圳证券交易所	深市中小企业板 50 家上市公司全部完成股改，2005 年末，中小企业板块总市值 481.55 亿元，占总市值比重为 5.16%，流通市值为 185.29 亿元，占流通总市值的 4.78%。 主板已完成股改以及进入股改程序的公司共 192 家，其中 135 家重点地方国企已有 2/3 完成或进入了股改程序。

资料来源：中国产业地图委员会编：《中国金融产业地图（2006~2007）》，社会科学文献出版社 2006 年版，第 26 页。

表 3–12 中国证券市场基本结构

项 目	2006 年	2007 年
境内上市公司数（A、B 股）（家）	1434	1550
境内上市外资股公司数（B 股）（家）	109	109
境外上市公司数（H 股）（家）	143	148
股票总发行股本（亿股）	14926.35	17000.45
# 流通股本（亿股）	5637.78	4933.64
股票市价总值（亿元）	89403.89	327140.89
# 股票流通市值（亿元）	25003.64	93064.35
股票成交量（亿股）	16145.23	36403.76

续表

项　　目	2006 年	2007 年
股票成交金额（亿元）	90468.89	460556.22
上证综合指数（收盘）	2675.47	5261.52
深证综合指数（收盘）	550.59	1447.02
投资者开户数（万户）	7854.00	13887.00
平均市盈率		
上海	33.33	59.24
深圳	32.72	69.74
平均换手率（%）		
上海	541.12	936.00
深圳	609.38	1062.00
国债发行额（亿元）	8883.30	7637.00
企业债券发行额（亿元）	3938.30	5059.00
债券成交量（万手）	182454.42	
债券成交额（亿元）	18279.32	20667.00
国债现货成交金额（亿元）	1540.71	1267.00
国债回购成交金额（亿元）	15487.33	18345.00
证券投资基金只数（只）	301	346
证券投资基金规模（亿元）	6020.67	22340.00
证券投资基金成交金额（亿元）	2002.65	8620.00
期货总成交量（万手）	44950.82	71566.00
期货总成交额（亿元）	210063.37	400733.00

注：1. 股票总发行股本中含（A+H）股公司发行的 H 股。

2. 换手率 = 全年成交金额/[(本年末流通市值+上年末流通市值)/2]×100%

（2）债券市场方面。2005 年，中国债券市场发行总量为 332 期、41791 亿元面值，分别比上年增长 78.495%和 53.07%。与上年相比，央行票据和短期融资券发行量的占市场比重分别增加 3.31 个和 3.39 个百分点，国债和政策性金融债则分别降低 5.55 个和 1.45 个百分点(具体情况见表 3-13 所示)。从债券品种来看，发行面额增幅最大的依次是企业债（100%）、央行票据（61%）、政策性金融债（39%）和商业银行债（38%）。2005 年发行总量（面额）依次为央行票据

(65%)/政策性金融债（14%）、国债（12.07%）和短期融资券(3.39%)。

表 3–13 中国债券市场的发行和流通结构

年 份	1996	1997	1998	1999	2000	2001	2002	2003	2004	2005
A. 债券发行总量	3172	4099	5907	5974	6385	7621	9334	11199	12260	15907
B. 债券流通总量	18039	16477	21662	18284	19119	20418	33250	62136	50323	28368
比重：B/A	5.69	4.02	3.67	3.06	2.99	2.68	3.56	5.55	4.10	1.78
C. 国债发行额	1848	2412	3809	4015	4657	4884	5934	6280	6924	7042
D. 国债交易额	18038	16459	21601	18192	18891	20303	33128	58756	47053	26402
比重：D/C	9.76	6.82	5.67	4.53	4.06	4.16	5.58	9.36	6.80	3.75
E. 企业债发行额	269	255	148	158	83	147	325	358	327	2047
F. 企业债交易额	1.46	18.08	40.69	47.99	92.92	68.84	70.33	2717	2633	1453
比重：F/E	0.01	0.07	0.27	0.30	2.75	1.12	0.22	7.59	8.05	0.71

资料来源：《中国证券期货统计年鉴》(2005)。

3. 保险市场的深度和广度不断扩大，保费收入稳步增长。2005年，全国保费收入平稳较快增长，累计实现保费收入4931.3亿元，增长14%，增幅同比上升2.7%个百分点，是2000年的3.09倍，5年的年平均增幅为25.3%。全年保费收入与GDP的比率（保险深度）为2.2%，同比增加0.4个百分点，人均保费收入（保险密度）168.8元，同比增加41.1元；保险公司支付赔款和给付598.3亿元，同比增加70.9亿元（见表3–14）。保险市场的整体特点：一是财产险业务较快增长。财产险业务保费收入1231.2亿元，同比增长13%。车险业务仍是财产险业务的主要领域，实现保费收入857.9亿元，责任险、农业险加快发展，分别同比增长35.7%和84.5%，一些地区呈现出多种主体共同参与开展农业保险的良好势头。二是寿险业务增速稳步回升。实现保费收入3246.86亿元，同比增长14.07%。其中，万能寿险保费收入同比增长近5倍。三是健康险和意外险继续较快增长。分别同比增长15.02%和20.23%。四是保险中介市场快速发展。2005年，通过保险中介渠道实现的保费收入为3569.73亿元，同比增长23.8%，占全国总保费收入的73%，提高6个百分点。保险市场的快速发展在保障经济、稳定社会、造福人民等方面发挥了重要作用。

表 3–14 中国保险市场保费、赔款及给付结构（2006~2007 年）

项 目	2006 年		2007 年	
	保费（亿元）	赔款及给付（亿元）	保费（亿元）	赔款及给付（亿元）
财产保险公司	1579	825	2087	1064
企业财产保险	157	92	187	101
家庭财产保险	11	3	17	4
机动车辆保险	1108	599	1484	790
工程保险	25	9	32	10
责任保险	56	22	67	26
信用保险	29	13	35	2
保证保险	8	15	4	8
船舶保险	28	12	31	14
货物运输保险	56	21	63	23
特殊风险保险	21	2	25	13
农业保险	8	6	53	30
健康险	9	5	14	10
意外伤害保险	62	24	74	33
其他险	2	1	—	—
人寿保险公司	4061	614	4949	1201
寿险	3593	465	4463	1064
健康险	368	120	370	30
人身意外伤害险	100	28	116	107
合计	5640	1438	7036	2265

资料来源：《中国经济统计年鉴》2008 年。

4. 外汇市场有了进一步发展，银行间外汇市场交易活跃。1994 年 4 月，中国在上海建立了全国统一的银行间外汇市场，将原来分散的外汇交易集中统一起来，为成功进行外汇管理体制改革，形成单一的、有管理的人民币汇率体制奠定了重要的市场基础。2005 年，人民币汇率机制改革迈出了重大步伐。[①] 十多年来，银行间外汇市场的效率

① 根据央行《关于完善人民币汇率形成机制改革的公告》，自 2005 年 7 月 21 日起，我国开始实行以市场供求为基础、参考一篮子货币进行调节、有管理的浮动汇率制度。人民币汇率不再盯住单一美元。在新的人民币汇率形成机制下，人民币汇率有升有降，弹性增强，反映了国际主要货币之间汇率变化的态势。

不断提高，成交规模不断扩大（见表 3-1）。目前，银行间外汇市场主要分为：①银行间即期结售汇市场。2005 年银行间即期结售汇市场的主要外币为美元、港元、日元和欧元。其汇率走势为：人民币升值后美元缓慢下行。汇改前美元基本稳定在 8.2765 的日加权平均价位上，7 月 21 日美元对人民币价格调整为 8.11，下调幅度为 2%，其后美元收盘价缓慢下行；港元随美元亦步亦趋；日元缓缓走低；欧元震荡下行。②银行间远期外汇市场。2005 年 8 月 15 日银行间市场正式推出远期外汇业务，全年市场发生交易的有美元/人民币的 1 周、1 个月、2 个月、3 个月、6 个月、9 个月和 1 年七个期限品种，以及日元/人民币的 1 周、1 个月、2 个月、3 个月四个期限品种。③银行间外币买卖市场。银行间外币买卖业务于 2005 年 5 月 18 日正式向市场推出，全年共有 159 个交易日，8 个外币对累计达成交易 24243 笔，累计成交量折合 521 亿美元，日均成交量 3.28 亿美元。截至 2005 年年末，银行间外币买卖市场累计成员银行 52 家，其中做市商银行 11 家，会员银行 41 家；中资金融机构 28 家，外资金融机构 24 家。④外币拆借市场。2005 年金融机构通过中国外汇交易中心外币拆借中介服务共达成 131 笔交易，累计拆借金额折合 22.24 亿美元，其中美元成交 123 笔，成交金额 21.64 亿美元；港币成交 7 笔，成交金额 4.35 亿港币；欧元成交 1 笔，成交金额 0.05 亿欧元。拆借期限主要集中在隔夜和 1 个月两个品种。截至年末外币拆借中介签约机构为 130 家。

5. 黄金市场有了较快发展，场内交易和场外交易齐头并进共同发展。19 世纪 70 年代中国近代的黄金市场开始发展，20 世纪二三十年代中国的黄金市场已经发展成为远东地区最大的黄金交易市场。此后，黄金市场在连年的战火中不断萎缩，一直持续到新中国成立前。新中国成立后，中国在经济领域实行全面的计划管理体制，个人不能自由买卖黄金。可以说，这一时期中国内地不存在真正意义上的黄金市场。随着金融改革的深入，国家逐步放开了黄金生产和流通体制。2001 年 4 月，中国人民银行宣布取消黄金“统购统销”的计划管理体制并在上海组建黄金交易所；2001 年 11 月 28 日，上海黄金交易所模拟运行；2002 年 6 月，中国人民银行批准四大国有银行开办黄金业务；2002 年 10 月 30 日，上海黄金交易所正式开业，至此中国黄金管理体制正式从计划体制走向了市场体制，黄金市场在中国内地重新诞生（见表 3-1）。经过几年的运行，目前，黄金市场主要呈现出以下几个特点：①黄金价格强势上涨，国内金价紧随国际金价步伐。2005 年国际金价经历了 1~8 月的窄幅波动以后，从 9 月初的 435 美元/盎司一直冲高到 12 月的 517.2 美元/盎司，期间涨幅达到 18.9%，最大波动幅度在 9%左右。国内黄金价格则从 9 月初的 113.72 元/克，涨到年末的 133.39 元/克，涨幅达到 19.67%。国内金价充分表现了与国际市场价格的高度关联性。②国际金价高涨，推动国内黄金产量持续增长。改革开放以来，中国黄金生产企业通过企业体制改革、更新设备、引进技术等提高自身的生产能力。国内黄金企业的年生产能力从建国初期的 4 吨左右稳步提高到了 200 吨左右。随着国际金价的不断上扬，黄金企业的生产利润不断增加，从而推动了国内黄金企业产能的持续增长。2005 年国内黄金产量为 224.05 吨，同比增长 5.51%。③国内黄金投资市场开放，刺激了黄金需求的增加。2005 年中国的黄金需求快速增长，年增速超过同期世界黄金需求的平均增长速度，一跃成为继印度和美国之后的世界第三大黄金消费国。2005 年国内的黄金需求为 253 吨，比上年增加 19.1 吨，增幅为 8.17%。从黄金消费的构成来看，尽管首饰需求在黄金需求中占有绝对比重，但黄金投资的开放带动了投资需求不断增加。2005 年国内黄金投资需求为 11.7 吨，比上年增加了 1.9 吨，增幅达到 19.4%。黄金投资市场的开放成为推动黄金投资需求增加的重要因素，黄金投资市场的逐步完善必将推动黄金投资需求的进一步增加。④场内和场外黄金交易的格局正在形成之中。随着黄金市场管制的放开，黄金投资在国内逐步活跃，场内和场外交易格局齐头并进、共同发展。目前，上海黄金交易所是国内唯一合法的场内交易场所，为其会员提供实金交易和递延交割的黄金交易业务。除此之外，黄金的场外交易也逐步展开。国内的场外交易主要是由各个商业银行向个人用户提供的纸黄金、实金交易业务以及代理金币买卖业务，而全国各地的各大金楼依然是重要的实金买卖场所。2005 年，上海黄金交易所累计成交量为 906.42 吨，同比增长了

36.24%；累计成交额为 1069.77 吨，同比增长了 46.35%。

6. 金融衍生市场已经起步。2005 年 5 月 16 日，中国人民银行发布了《全国银行间债券市场远期交易管理规定》，随后又发布了《全国银行间债券市场债券远期交易规则》、《全国银行间债券市场债券远期交易结算业务规则》等不同层次的规章制度及行业自律性质的规定，明确了债券远期交易的政策框架、违约情形和违约处理以及债券远期交易、结算和信息披露的管理办法。债券远期交易的推出是完善中国金融市场的重要举措，标志着中国金融衍生产品市场开始起步。截至 2005 年底，共有 216 家市场成员签订了债券远期交易协议，达成债券远期交易 108 笔，交易金额 177.99 亿元。

二、市场主体结构不断优化，成熟程度日趋提高

近年来，在人民银行和各金融监管部门的政策引导和监督管理下，中国金融市场持续快速健康发展，各子市场在参与主体方面也取得了令人瞩目的进步。

首先，各金融子市场参与主体快速增长，各类投资者得以不断丰富和发展（见表 3-15，图 3-2、图 3-3 所示）。人民银行不断培育和完善金融市场主体，先后批准了证券公司、保险机构、证券投资基金、住房公积金、基金管理公司以及境外机构投资者进入银行间债券市场，促进了金融市场投资主体的多元化。截至 2006 年底，全国银行间同业拆借市场成员共有 703 家，银行间债券市场成员 6439 家，并引入了货币经纪公司在银行间市场开展经纪业务。此外，截至 2006 年底，股票市场沪深证券交易所开户总数为 7854 万户；黄金市场共有会员 150 家；期货市场共有期货经纪公司 187 家；外汇即期市场共有会员 272 家。[①]

其次，市场投资者结构不断完善，机构投资者队伍不断壮大。机构投资者已经成为中国金融市场的主体。除银行业金融机构外，基金

① 中国人民银行：《2006 年中国金融市场发展报告》，2007 年 5 月 30 日。

公司、财务公司和保险公司等非银行金融机构和企业等非金融机构的市场参与程度也快速提高，中国银行间市场的影响与日俱增，其中银行业金融机构是中国银行间市场的主体，同业拆借市场和银行间债券市场会员中，分别有商业银行 339 家和 289 家，部分运作规范、交易规模大的商业银行等金融机构成为中国银行间市场的做市商，做市商制度的逐步完善使做市商在中国银行间债券市场的作用进一步发挥。上海黄金交易所共有会员 150 家，其中商业银行 17 家，产金冶炼企业 39 家，用金企业 94 家，金融类交易成员进一步增多。

表 3–15 中国股票市场投资者开户分布结构

单位：万户

项 目	2000 年		2003 年		2005 年	
	A 股	B 股	A 股	B 股	A 股	B 股
开户总数	5773.71	27.43	6823.76	157.48	7174.75	161.31
机构	26.04	1.66	32.20	1.6	35.03	1.71
个人	5747.67	25.77	6791.56	155.89	7139.72	159.60
新开户数	1311.95	7.21	138.64	3.62	122.81	1.24
机构	7.74	0.14	1.52	0.09	1.30	0.18
个人	1304.21	7.06	137.17	3.54	121.51	1.06

资料来源：《中国证券期货统计年鉴》，2001 年、2004 年、2005 年、2006 年。

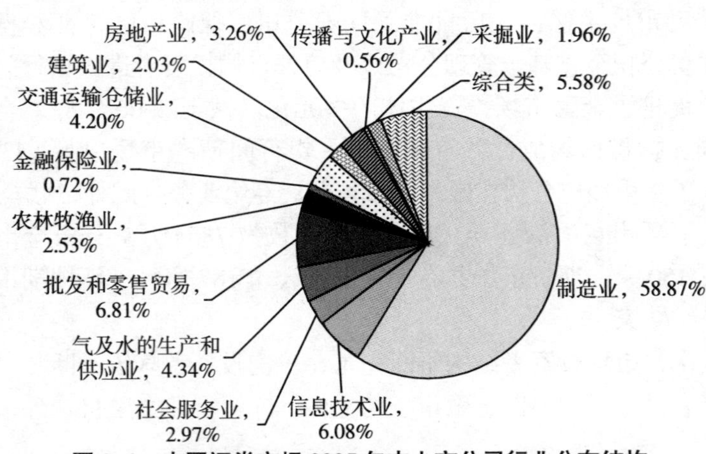

图 3–2 中国证券市场 2005 年末上市公司行业分布结构

资料来源：《中国金融年鉴》(2006)。

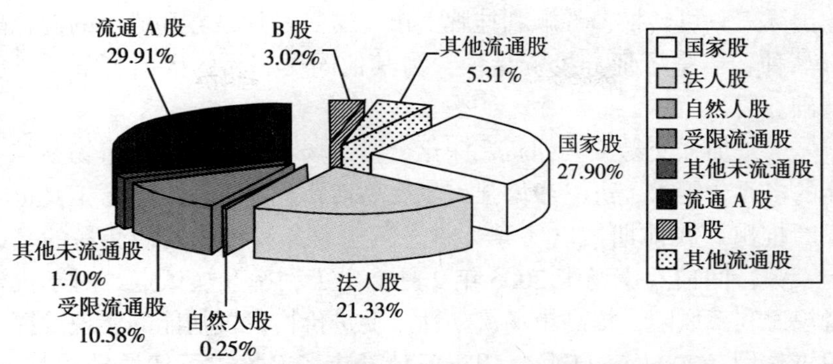

图 3–3　中国证券市场 2005 年末上市公司股本构成结构

资料来源：《中国金融年鉴》(2006)。

最后，金融市场机构投资者日益成熟，机构投资者基础日益雄厚，2006 年底，中国共有基金公司 58 家，管理各类基金 307 只，当年新募集资金的资产净值为 4028 亿元，累计净值达 8565 亿元，合格境外机构投资者（QFII）累计批准机构达 55 家，批准外汇额度为 90.45 亿美元；社保基金、保险资金和企业年金等加快进入证券市场。初步形成了多元化的机构投资者格局，为促进中国金融市场的规范、健康、稳定发展发挥了重要作用。

三、市场工具种类不断丰富，创新产品逐步推出

金融创新可以说是推动金融市场发展运转的“发动机”，为此，央行更是积极推动产品创新，丰富市场交易品种及交易工具（见表 3–16、表 3–17）。一是加强基础产品创新，丰富投资人选择。金融债券方面，在一般性金融债券和商业银行次级债券的基础上，进一步推出了混合资本债券，兴业银行和中国民生银行先后发行了 83 亿元混合资本债券。资产支持证券方面，不良资产证券化也获得突破，信达和东方两家资产管理公司发行了重整资产证券，共计 37 亿元，这对扩大直接融资比重，改善金融机构资产负债结构起到了积极作用。企业债券方面，推出了分离交易可转债，先后有马钢股份、新钢矾和中

化国际三只可转换债券顺利挂牌上市，这是一种债券和股票的混合融资品种，丰富了证券投资品种，为其他同类产品的推出打下了坚实基础。

二是加强交易工具创新，深化金融市场功能。为满足市场参与主体的多元化需求，进一步增强市场交易活跃程度，各项创新工具也在不断推出。在前期推出债券买断式回购业务和债券远期交易的基础上，银行间债券市场于 2006 年 2 月推出了利率互换试点，对于投资者规避利率风险，提高市场流动性，促进价格发现功能的实现发挥了积极作用；2006 年 11 月，银行间债券市场又推出了债券借贷业务，有利于提高市场的流动性和有效性，促进市场的稳定运行，同时也为投资者提供了新的投资盈利模式和风险规避手段。为进一步完善汇率形成机制，加快外汇市场改革，在银行间外汇市场先后推出了外汇掉期交易和人民币英镑交易。上海黄金交易所的白银产品进入试运行阶段，同时扩大了个人黄金业务的覆盖范围。

表 3-16　中国资本市场（发行市场）的工具结构

单位：亿元

年份	原生工具				组合工具				总计
	债券	股票	合计	比例（%）	封闭基金	开放基金	合计	比例（%）	
1996	3172	342	3514	100.00	—	—	—	—	3514
1997	4099	934	5033	100.00	—	—	—	—	5033
1998	5907	804	6711	98.53	100	—	100	1.47	6811
1999	5974	897	6871	94.43	405	—	405	5.57	7276
2000	6385	1541	7926	99.12	70	—	70	0.88	7996
2001	7621	1182	8803	97.70	124	83.25	207.25	2.30	9010.25
2002	9334	780	10114	96.80	118	215.90	333.90	3.20	10447.90
2003	11199	832	12022	96.02	—	498.52	498.52	3.98	12520.52
合计	55503	7422	62925	97.50	817	797.67	1614.67	2.50	64539.67

资料来源：《中国证券期货统计年鉴》（2004）及《中国金融年鉴》（2004）。

三是稳步扩大创新产品市场规模，推动金融市场不断发展。逐步扩大企业短期融资券、一般性金融债券发行规模，促进债券远期交易增长。债券远期交易是一种最基本的利率风险管理工具，有利于投资者规避风险，促进金融稳定。债券远期交易的市场价格发现功能使债券远期市场与现货相结合，从而形成更为理性的均衡价格。债券远期交易的推出为国债期货、利率期货、利率互换等其他衍生品的推出奠定基础。截至 2006 年底，共有 210 家企业累计发行短期融资券 4336.5 亿元，未到期余额为 2667.1 亿元；一般性金融债券和商业银行次级债券等金融债券发行规模不断扩大，截至 2006 年底，已有上海浦东发展银行、招商银行、兴业银行和民生银行共发行了一般性金融债券 420 亿元，拓宽了金融机构直接融资渠道，有利于解决其长期存在的资产负债期限结构错配问题；中国银行、建设银行等 11 家商业银行共发行了次级债券 1628 亿元；继国际金融公司和亚洲开发银行在 2005 年分别发行债券 11.3 亿元和 10 亿元之后，国际金融公司在 2006 年 11 月又发行债券 8.7 亿元，标志着中国债券市场仍将继续保持对外开放步伐。股票市场上，权证业务不断发展，已经成为市场上最为活跃的交易品种之一。

表 3–17　中国资本市场（流通市场）的工具结构

单位：亿元

年份	原生工具		组合工具		衍生工具		交易总额
	交易额	比例（%）	交易额	比例（%）	交易额	比例（%）	
1996	39371.52	96.17	1566.50	3.83	—	—	40938.02
1997	47198.72	98.32	807.91	1.68	—	—	48006.63
1998	45206.03	97.80	1016.89	2.20	—	—	46222.92
1999	49603.72	95.23	2485.48	4.77	—	—	52089.20
2000	79945.80	96.61	2801.84	3.39	—	—	82747.64
2001	58722.94	95.82	2561.88	4.18	—	—	61284.82
2002	61239.98	98.13	1166.62	1.87	—	—	62406.60
2003	94251.63	99.28	682.65	0.72	—	—	94934.28
2004	92657.44	99.49	479.47	0.51	—	—	93136.91
2005	60032.63	98.73	773.15	1.27	—	—	60805.78
总计	628230.41	97.77	14342.39	2.23	—	—	642572.28

资料来源：《中国证券期货统计年鉴》（2006）。

四、市场定价机制日趋合理，定价效率不断提高

从理论上说，在一个有效的金融市场上，其各种市场价格之间相互影响，并形成一个等价、公平、合理的联动比价结构。例如，良好的股票价格有利于公司进行债务融资，公司债务资本的正常运转可以促进公司股票价格的好转；货币市场提供的基准利率是资本市场运行的基础；外汇市场与国内市场互相联动。一般来说，货币市场风险较小，收益较小，而资本市场风险较大，收益较大。这种差异正好反映了市场公平的原则。

股票市场估值水平与成熟市场进一步接轨，投资价值明显增强。通过以送股为主要形式的对价支付和自然除权，已股改公司的市盈率由 2005 年初的 16.6 倍降至年底的 12.75 倍，已低于标普 500 指数成份股目前 17.77 倍的平均市盈率，基本接近恒生指数成份股 13.6 倍的市盈率。在 G 股的带动下，A 股整体市盈率也有明显的下降，由股改前的 20.96 倍下降到 16.34 倍。在整体估值水平基本完成国际接轨的基础上，A 股市场出现了局部低估，能源和公用事业类股票估值水平明显低于成熟市场同类股票。股票原有的价格高估风险已基本得到释放，投资价值明显增强。

五、市场交易组织日趋健全，场外市场与场内市场共同发展

中国金融市场在探索、改革和创新中快速发展，在经济发展中的地位和作用日益重要。金融市场为实施宏观经济金融调控提供了平台，为市场主体提供了投资和融资的渠道，为各类机构提供了资金流动和风险管理的场所。

经过多年发展，债券市场以安全、稳健的债券托管体系为基础，实行无纸化运作，扭转了市场风险过高的局面，其链接货币市场和其他资本市场之间的桥梁作用已开始不断显现，逐渐成为证券市场乃至金融市场发展不可或缺的一个重要支柱。中国已经建立了比较规范意

义上场内交易市场，现拥有2家证券交易所——深圳证券交易所和上海证券交易所，3家期货交易所——郑州期货交易所、上海期货交易所和大连期货交易所；拥有全国联网的柜台（OTC）市场；初步建立了上海黄金交易所和上海外汇交易所。随着计算机网络技术的发展，具有规范意义的场外交易市场即将开始建立。

六、市场调节手段不断丰富，间接调控机制日趋完善

金融市场的基本功能在于资金融通和促进资源优化配置，不同的金融市场在资金融通方面功能各异，互相补充。但是有效率的金融市场结构应是融资工具能够反映投资者的不同偏好，边际收益及价格大致相等，或者在理论上各种工具完全可以替代的。金融市场是经济金融体系的重要组成部分，是金融资源配置的重要场所。它不仅为实施宏观经济调控提供了平台，而且为市场主体提供了投资和融资的渠道，还为各类机构提供了资金流动和风险管理的场所。因此，大力培育和发展金融市场是健全间接调控机制、丰富风险管理手段和优化资源配置的一项基础性工作。近年来，中国金融市场改革措施的不断推出和制度建设的稳步推进，提升了金融市场功能，保护了市场主体的合法权益，并为金融市场的顺利运行打下了良好基础。

在银行间市场方面，中国基准利率体系建设的逐步推进，银行间债券市场回购定盘利率和上海银行间同业拆放利率逐步推出，为利率互换等金融衍生品提供了参考利率指标，促进了金融衍生产品的发展，有助于加快利率市场化的进程；做市商制度的进一步完善以及做市商制度基本框架的确定，对提高中国债券市场流动性、促进债券市场化发行并进一步推动中国债券市场发展具有深远意义；国债余额管理制度的正式引入，有利于推进债券市场建设，为中央银行公开市场操作提供平台，加强财政政策与货币政策协调。

在外汇市场方面，继续推出进一步完善和发展中国外汇市场的改革配套措施，加强产品和机制创新。引入了做市商制度和询价交易方式，改进人民币汇率中间价形成方式，推出人民币外汇掉期交易，进

一步健全中国金融衍生产品的定价机制，建立央行外汇一级交易商制度。

在股票市场方面，股权分置改革进展顺利，股权分置改革的基本完成，使非流通股股东和流通股股东长期以来利益分割的局面得以纠正，理顺了市场定价机制，对于恢复资本市场功能并由此推动资本市场全方位改革具有的历史性意义，也为资本市场未来持续发展奠定了制度基础。股票发行体制市场化改革的不断深化，特别是询价制的实施，是中国股票发行体制市场化程度提高的重要标志，中国银行和中国工商银行在A股市场相继成功上市，充分体现了中国股票发行体制市场化改革取得的成果。此外，上市公司的规范治理取得重要进展，清欠工作成果显著；证券公司综合治理取得显著成效，为证券市场持续健康发展创造了有利条件。

金融市场法律制度、监管机制和基础设施建设继续稳步推进。《证券法》、《公司法》和《反洗钱法》等法律、法规和行政规章为规范市场管理、维护市场秩序提供了有力支持。人民银行、证监会等金融市场监管部门分工合作，加强了金融市场监管的协调合作和风险监测，形成了较为完整的金融市场监管架构。金融市场基础设施建设取得较大成果，市场交易、托管和结算系统逐渐完善，各子市场之间的连通日益增强。

七、市场监管能力逐步增强，对外开放水平不断提高

2005年以来，较为宽松的国际经济金融环境为中国参与国际金融市场创造了良好条件，中资企业和金融机构对国际金融市场的参与程度有所加深，中资企业海外上市规模刷新历史纪录，中国持有的境外金融资产数量大幅度增加。与此同时，国内金融市场对外开放不断扩大；中国金融市场上个别品种的商品期货价格初具一定程度的国际影响；外资对中国金融市场的参与程度逐渐加深；国内外金融市场之间的联系有所增强；国内国际金融市场的联动效应更加明显，中国金融市场正逐渐融入国际金融市场体系。

目前，中国主要通过五条途径参与国际金融市场：一是中资银行的跨国经营。截至2005年末，中资银行在亚洲、欧洲、美洲、大洋洲的二十多个国家和地区设立了分行、子银行、附属公司、代表处等机构。但数据显示，中资银行海外资产在其全部资产中所占份额仍然有限，海外资产增速低于全部资产增速；中资银行跨国经营对国际市场的参与程度有限。二是政府和企业在海外举债。三是中资企业在海外发行股票。截至2005年末，在中国香港联合交易所直接或间接上市的内地企业已达335家，占其总市值的39%，其中122 家是直接上市。2005年，有37家内地企业在中国香港联交所新上市，占中国香港股市新上市公司总数的55%。截至2005年末，在新加坡交易所有88家中资企业上市，其中2家为直接上市；在纽约证券交易所有16家中资企业以存托凭证的形式上市；在纳斯达克市场有22家中资企业上市。四是中资企业对海外投资。五是中资企业参与国际期货交易。2005年11月15日，证监会批准了中国中纺集团公司等5家公司从事境外期货业务资格，参与境外期货交易的国有企业增加到31家。

总的来看，中国金融市场正在融入全球金融市场体系，但所占份额仍然有限。据中国人民银行和国家外汇管理局的统计，2005年，外汇市场八种外币对外币的“货币对”累计成交折合为521亿美元。纵向看，中国外汇市场交易量上升较快，但从横向看，与全球外汇市场每天约2.41万亿美元的成交量相比，中国外汇市场交易量相当小。截至2005年末，中国沪、深两个股票市场股票市价总值为32430.28亿元人民币，中国股市占世界股票市场的市值比重约1%。中国债券市场已在国际债券市场体系中占有一定地位，但债券品种结构与国际市场差异较大。

八、市场基础设施建设起步较快，设施内容进一步健全和规范

中国金融市场基础性建设工作不断加强，2006年1月17日，在银行间债券市场正式实现现券买卖、质押式回购以及买断式回购、债券远期交易事前控制的直通式处理，提高了市场运行效率，完善了风

险控制手段。2月，中国人民银行授权全国银行间同业拆借中心每日发布回购定盘利率。回购定盘利率的推出对于增强银行间债券市场价格发现功能，完善市场收益率曲线以及推动金融衍生产品的发展起到了积极作用。3月，中国人民银行发布《信用评级管理指导意见》，对信用评级机构的工作制度和内部管理制度、信用评级原则、信用评级工作程序进行规范和指导，完善市场约束机制。

股票市场制度建设取得明显成果：①以股权分置改革为突破口，积极稳妥地解决历史遗留问题。股权分置一直是影响中国股票市场健康发展的重大基础制度缺陷，为了推动股票市场的机制转换，恢复市场功能，2005年4月29日，在国务院的统一部署下，中国证监会发布了《关于上市公司股权分置改革试点有关问题的通知》，正式启动了上市公司股权分置改革的试点。通过股权分置改革，还推动了募集法人股、未上市内部职工股、大股东占用上市公司资金等影响市场和社会稳定的上市公司复杂问题的解决，促进上市公司质量的提高。②证券公司综合治理取得明显成效。主要包括：加强信息监管，强化信息披露；保障客户资产，实现风险隔离；推进公司治理，完善分类监管；改善经营模式，推动资源整合等。此外，对严重损害投资者利益，危害市场健康运行的证券公司违法违规行为严肃追究责任，化解风险和打击犯罪齐头并进，督促证券公司规范运作，压缩违规业务空间，加强监管工作的有效性。③以《证券法》、《公司法》修订为标志，证券市场法制建设不断完善。两部法的修订是进一步健全市场经济法律体系的一个重要举措，为中国证券市场改革开放和稳定发展提供了坚实的法律保障，为从根本上解决影响中国证券市场发展的深层次问题和结构性矛盾创造了条件，为证券市场的发展创造了广阔的空间。

在债券市场方面：债券交易系统和结算系统实现“无缝对接”。全国银行间同业拆借中心与中央国债登记结算有限公司共同开发的交易系统与簿记系统数据接口自2005年10月开始试运行，这不仅提高了市场成员的工作效率，降低债券交割环节的风险，而且通过实现债券交易结算的“直通式处理”，将进一步优化和改善交易—结算—资金清算的处理流程，以满足市场高流动性要求。

在基金市场方面：2005年，中国证监会发布并实施了《证券投资基金监管职责分工协作指引》，在集中统一监管体制下，明确了中国证监会、中国证监会各派出证监局、基金业协会与交易所在基金管理公司治理、内部控制、高级管理人员、基金销售、信息披露等关键监管环节中的各自职责，形成了各部门各司其职、各负其责、密切协作的基金监管体系。

在期货市场方面：一是市场法律制度建设取得重要进展，具体表现在，修订了《期货交易管理暂行条例》，制定了《期货保证金安全存管暂行办法》及其配套规定，提出了比较系统全面的期货经纪公司会计制度设计方案，建立了期货投资者保障基金等；二是加强了市场基础设施建设，主要是初步建立了保证金安全存管系统，成立了中国期货保证金监控中心有限责任公司，设计完成了财务安全监控报表体系和指标体系的电子化报送和分析软件等。

在保险市场方面：一是国有保险公司改革向更深层次推进，初步建立了高管人员的经济责任审计和离任审计制度；二是全面建立了保险基金托管制度，出台了《保险机构投资者债券投资管理暂行办法》和《保险外汇资金境外运用管理暂行办法实施细则》；三是借鉴国际经验，把公司治理结构监管作为保险监管的重要内容，基本形成了偿付能力监管、市场行为监管和公司治理结构监管“三支柱”的保险监管体系，初步建立了市场化的风险自救机制，为防范化解保险业风险提供了一道重要屏障；四是修订了《中国保监会行政许可事项实施规程》，出台了《保险公司开业验收指引（试行）》和《保险公司分支机构开业统计与信息化建设验收指引》，为完善市场准入机制奠定了基础。

九、市场生态意识不断增强，金融环境进一步改善

中国社会经济的发展为金融市场平稳快速发展创造了良好的外部环境，一方面，各类金融机构的微观重组再造进展平稳。国有商业银行改革取得阶段性成效，建设银行、交通银行等成功上市，各家银行财务状况明显改善，资本实力和资产质量明显提高，公司治理结构改

革和内控机制建设进程加快。深化农村信用社改革进展顺利，改革取得初步成效。证券公司、金融资产管理公司、政策性银行、邮政储蓄机构等其他金融机构改革有序推进。另一方面，利率市场化改革稳步推进。尤其是近期，中国已不再设定金融机构（不含城乡信用社）人民币贷款利率上限，扩大了城乡信用社贷款利率浮动上限，实行人民币存款利率下浮制度，中央银行利率体系建设逐步深化，利率杠杆对经济运行的调节作用明显增强。此外，人民币汇率形成机制进一步完善。按照主动性、可控性和渐进性的指导原则，出台了一系列政策措施推进人民币汇率形成机制改革，进一步完善人民币汇率形成机制，增加人民币汇率的灵活性和汇率形成的市场化程度。

20 世纪 80 年代是中国金融市场体系建设的起步阶段。1984 年国务院《关于城市经济体制改革的决定》指出："要逐步建立包括资金、劳动、技术在内的生产要素市场，发挥市场调节的作用。"中国金融市场建设首先从货币市场开始，同业拆借市场、票据市场、国债回购市场先后得到发展。与此同时，随着 1981 年开始恢复国债发行，资本市场的发展也逐渐起步。1991 年上海证券交易所和 1992 年深圳证券交易所的建立，1997 年全国银行间债券市场的建立，成为资本市场发展的重要转折。1994 年外汇体制改革后，形成了全国统一的外汇市场。

21 世纪以来，各类金融市场发展明显加速，市场参与主体不断扩大，市场基础建设不断增强，交易和监管机制不断完善。2004 年 1 月，国务院关于《推进资本市场改革开放若干问题的决定》，首次提出了建立多层次资本市场的要求。"十一五"规划中又将多层次资本市场的概念进一步扩大为多层次金融市场体系。上述变化既反映了我们对金融市场作用和认识的不断深化，也反映了市场在资源配置中基础作用的不断增强。

总的来看，金融市场的快速健康发展，使得市场配置金融资源的能力大大增强，为中国建立货币政策间接调控体系奠定了基础，为利率市场化的改革提供了条件，促进了货币政策传导机制的改善；同时，金融市场功能的充分发挥，也为推动国民经济发展、支持国家实施宏观调控、推进国有企业和金融机构改革、防范金融风险和维护金融稳定等方面起到了重要作用。但是，整体上看，中国金融市场结构的失衡矛盾依然突出，这在很大程度上制约了金融市场整体功能的发挥和核心竞争力的提高。

第二节 中国金融市场结构的基本特征

从中国金融市场发展的现状来看，中国金融市场结构的特征主要表现为以下几个方面：

1. 规模（数量）结构的非均衡性。这主要表现在中国金融原生市场相对发达，金融衍生市场相对滞后。其中，在金融原生市场中，资金市场发展快于保险市场、黄金市场和外汇市场。在资金市场中，货币市场与资本市场发展不平衡；货币市场中同业拆借市场与票据市场发展不平衡；资本市场中股票市场与债券市场发展不平衡；股票市场中发行市场与流通市场不平衡；债券市场中国债市场与企业债券市场发展不平衡。在金融衍生市场中，商品期货市场发展快于金融期货市场；商品期货市场中农产品期货市场发展快于其他商品期货市场；金融期货市场中，股指期货市场发展快于利率期货和外汇期货市场等。

2. 空间分布结构的不合理性。第一，中国城乡金融市场发展不协调，具体表现在农村金融市场发展比较滞后，并将成为制约新农村经济建设和发展的重要“瓶颈”。主要表现在：一是县级金融机构的大量撤销导致县域金融体系中出现了“空洞化”现象；二是农村资金大量流向城市的“非农化”现象加剧了农村资金供求关系的失衡；三是农村金融市场产品少、功能弱化、业务单一、服务跟不上；四是资本市场的触角还没有延伸到农村，使得大量中小企业难以进入资本市场融资。第二，就各地区银行业的区域分布来说，占全国 GDP 一半以上的东部地区聚集了中国四大国有银行和 12 家股份制商业银行总部，而且还聚集了中国 60%以上的银行业资产，其中广东最多，达到 4.1

万亿元，其后分别为北京和上海（不包括总部资产）。[①] 第三，就各地区证券业来说，存在着向东部沿海地区倾斜的趋势。截至 2005 年末，东部、中部、西部、东北部四个地区国内上市公司家数分别为 773 家、230 家、280 家和 114 家。与上年相比，东部和中部分别增加 17 家和 1 家，而西部和东北部分别减少 3 家和 6 家。第四，就各地区的保险业来说，东部地区的保费收入同比增长 16.4%，明显快于中部 11.1%。[②] 另外，北京、上海等发达地区外资保险公司业务发展明显快于其他地区。

3. 层次结构上的单调性。从整体上看，中国金融市场结构的梯度与层次都比较单调，主要以原生金融市场为主，衍生金融市场才刚刚起步。就原生金融市场内部来说，各种金融子市场的要素结构没有形成明显的梯度，而且在现有梯度上的层次结构非常单一。例如，中国金融市场的交易主体的梯度没有形成，而且对现有的投资主体没有进行细分；再如，中国金融工具类型梯度只有基础性工具，而且基础性工具的品种比较单一等。这种情况将导致中国金融市场功能上缺乏互补和行为上相互冲突，不利于金融市场整体功能的充分发挥。

4. 行为结构上的不配合性。货币市场、资本市场和保险市场是金融市场的三大重要组成部分，只有三者在行为机制上相互沟通、配合才能保持金融市场的平稳运行。然而，由于各市场阶段性的预期收益率差异，使得高收益的市场在短期内迅速膨胀，而一旦受到监管，这些资金又迅速撤退市场，导致市场迅速萎缩。这种不稳定状态加大了金融市场的潜在风险。

5. 功能结构上的不协调性。中国金融市场行为上的不配合性或冲突性，必然导致其功能上的不协调性。目前，中国金融市场的有些功能还没有凸显出来，各个金融子市场的功能单一，而且相互之间的功

---

① 中国人民银行货币政策分析小组：《2005 年中国区域金融运行报告》，载《中国货币政策执行报告》（增刊），第 6 页。

② 中国人民银行货币政策分析小组：《2005 年中国区域金融运行报告》，载《中国货币政策执行报告》（增刊），第 6~8 页。

能不协调不配合，甚至还存在着一定程度的矛盾。

第三节 中国金融市场结构存在的问题及其原因分析

一、中国金融市场结构存在的主要问题

从整体上看，中国金融市场结构存在的主要问题可以从静态和动态两个角度来进行分析。

（一）从静态角度看中国金融市场结构存在的问题

从静态的视角看，我国金融市场结构存在的主要问题是一种失衡状态。这又可从宏、微观两个方面分析。

1. 在宏观方面，主要表现为金融市场各个子市场之间以及各个子市场内部结构存在着严重的不平衡。

（1）直接融资市场与间接融资市场之间结构不均衡。一定时期的金融市场结构决定了直接融资市场和间接融资市场之间的结构关系。从功能上看，无论是直接融资还是间接融资，其基本的作用是促进储蓄向投资的转化，也就是通过一系列的金融中介，将资金在盈余部门和短缺部门之间进行合理配置。直接融资和间接融资是两种不同的融资方式，各有优缺点，各有自己独特的作用，不能相互替代。发展直接融资的最终目的不是取代间接融资，两者的关系是相互支持、相互补充、相互转化的。然而，由于历史、体制等多种原因，中国直接融资市场和间接融资市场则存在一些不平衡的状况，具体表现在：一是以银行为主导的间接融资仍是中国融资的主渠道，在众多的存款货币机构中，四大国有银行仍处于一种垄断地位；二是直接融资市场中，债券市场发展滞后于股票市场，特别是企业债券市场发展严重滞后，更多企业仍倾向于股权融资；三是间接融资市场中存在着信贷期限结

构错配，金融资源向四大国有银行集中的趋势。

(2) 货币市场与资本市场之间结构失衡。中国货币市场与资本市场发展的失衡现象主要在两个方面：一是在发展路径上，货币市场与资本市场存在人为逆序发展现象。从经济学理论上分析，资本市场是建立在货币市场基础之上的，并以货币市场为基础的。而中国由于特殊的经济发展阶段和政策导向需要等因素却选择了先资本市场后货币市场的发展道路。这种人为的逆序发展为后来的宏观调控不能有效实施、金融市场功能不能整体发挥等埋下了隐患。二是在发展战略上，选择了重视资本市场，轻视货币市场的发展战略。中国长期以来重视资本市场、忽视货币市场的政策导向，导致了货币市场发展的严重滞后，不仅影响了货币市场功能的发挥，而且也限制了中央银行货币政策的操作手段，阻碍了货币政策的传导途径。

(3) 货币市场的内部结构失衡。货币市场是金融市场的基础市场，它不仅是微观经济主体进行短期资金融通的场所，而且也是中央银行进行货币政策操作的重要对象。货币市场内部各个子市场间的协调发展对于中国确立现代金融制度和实现间接宏观调控体系具有重要意义。中国货币市场经过二十多年的发展，虽然初步形成了包括银行间同业拆借市场、债券回购市场和票据市场等在内的市场体系，但总的来看，中国货币市场还存在着各个子市场发展不平衡的突出问题。主要表现在偏重于债券回购市场，而对银行间同业拆借市场和票据市场重视不够，导致同业拆借市场和票据市场大大滞后于债券回购市场的发展。经验表明，一个高效规范的同业拆借市场不仅可以满足金融机构的流动性需求，调剂资金余缺，还可以迅速传导中央银行的货币政策意图。发达的票据市场不仅可以推动商业信用向银行信用转化，而且还可以扩大商业银行业务空间，拓展中央银行基础货币投放渠道。然而，中国相对滞后发展的同业拆借市场和票据市场远远不能适应中国间接宏观调控机制发展的要求。

(4) 资本市场的内部结构失衡。这主要表现在：一是债券市场与股票市场发展不平衡，突出表现为债券市场严重滞后于股票市场发展。债券市场和股票市场是资本市场中最重要的两个子市场，也是推动资本市场发展不可或缺的两个轮子。资本市场的发展有赖于这两个市场的协调发展。然而，自 20 世纪 90 年代初，由于政府存在着重股轻债的政策导向，使得债券市场发展大大滞后于股票市场的发展。从国际比较来看，美、日国家的债券市值一般为 GDP 的 130%以上，欧盟国家的债券市值为 GDP 的 80%以上，亚洲新兴市场国家如新加坡、韩国等的债券市值为 GDP 的 85%左右。全球统计债券市值相当于 GDP 的 95%，而中国的债券市值约占 GDP 的 30%，仅相当于全球统计指标的 1/3。

二是股票市场内部结构不合理。存在着“两重两轻”现象，即在股票市场中重视流通市场（二级市场）而轻视发行市场（一级市场），在股票流通市场中重场内市场而轻场外市场。

三是债券市场内部结构不合理。在债券市场中国债、金融债与企业债发展不平衡等。存在着“两重两轻”现象，即重视国债市场轻视企业债券市场和地方政府债券市场，重视长期债券市场轻视短期债券市场。其主要表现在：第一，市场体系虽然已经初步形成，但是由于传统行政管理序列方面的条块分割，交易所市场和银行间债券市场之间分割多于互补，影响了市场效率的发挥。第二，市场规模虽然明显扩大，但是市场的基础建设落后于市场规模和交易规模的需求，影响和制约了市场的发展。第三，虽然形成了初步完善的市场机制，但是由于没有统一的收益率曲线，尚不能很好地适应业务发展的需要，尤其不能适应风险防范的需要。第四，虽然有了一定的发债主体和债券品种，但是相对市场需求来说，市场产品仍过于简单，缺乏衍生产品；发债主体还显得比较单一，企业债券市场发展滞后；仍然缺乏市场化的信用评级与定价机制，二级市场交易不够活跃，难以成为一级市场定价的依据。第五，债券市场的透明度及信息披露有待进一步提高等。

2. 在微观方面，主要表现为金融市场内部各个组成要素结构的不均衡。中国金融市场内部各个组成要素结构的不均衡，具体表现在以下几个方面：

（1）主体结构失衡。从中国金融市场的参与主体情况来看，呈现着“四多四少”的特征，即货币市场上金融机构参与的多，工商企业特别是民营和中小企业参与的少；股票市场上个人投资者参与的多，机构投资者参与的少；上市公司中国有控股公司多，民营企业少；上市公司中绩差公司多，优质公司少等。

长期以来，银行类金融机构是中国货币市场的绝对主体，政府和各种非银行类金融机构的参与程度在逐年上升，但对资金需求最大的工商企业特别是民营和中小企业目前难以成为货币市场的主体，无法有效利用货币市场融通资金。现阶段股票市场上参与主体存在着以下问题：一是个人投资者参与多，机构投资者参与少。长期以来，中国证券市场的投资者都以个人投资者为主，机构投资者整体规模仍然较小，不同类型的机构投资者发展不平衡。二是上市公司中国有企业多，民营企业少。目前深沪市场共有上市公司 1419 家，其中国有上市公司的比重占了 90%以上的份额，民营企业较少，体制多元化、股权多元化的格局没有形成。三是上市公司中绩差公司多，优质公司少。

（2）工具结构不合理。对于一个成熟的金融市场来说，其交易工具的层次一般包括三个层次：基础工具，主要包括普通股票和各种债券等；衍生工具，主要包括远期合约、期货合约、期权合约、货币和利率、汇率的掉期和互换等；组合工具，主要包括各种类型的投资基金。整体上看，中国金融市场仍属于一个新兴市场，其工具结构比较单一，不能满足经济主体日益增长的多层次消费需求、储蓄需求和投资需求。虽然近几年金融基础工具有了一定的发展，但是金融衍生工具和组合工具的发展才刚刚起步。

（3）价格结构不合理。中国金融市场价格结构的不合理主要表现在金融产品（工具）的定价不合理、同类金融产品（工具）的比价不合理以及不同类金融产品（工具）的联动结构不合理等。金融市场不仅仅是融资的场所，更重要的是其交易和定价功能。通过交易，提高资产的流动性；通过供求竞价，从而发现价格，使价格与价值从背离不断走向回归。中国金融市场的多种人为分割，如货币市场、资本市场、保险市场以及外汇市场之间的分割，导致利率、汇率、收益率以及保费率之间的价格结构不合理，而且缺乏联动机制。

(4) 交易方式结构不合理。在主要的三种交易方式中，中国的交易所交易方式有了一定程度的发展，是中国金融工具的主要交易方式，但中国的 OTC 交易方式才刚刚起步，真正意义上场外交易方式还没有，严重滞后于交易所方式的发展。这种单一的交易方式状况大大制约了中国金融市场的交易效率。

（二）从动态角度看中国金融市场存在的主要问题

从动态的角度看，中国金融市场结构存在的主要问题是：变迁上的被动适应性、升级上的低层次性以及创新上的外生性等。

1. 结构变迁上的被动适应性。中国金融市场结构状态带有人为设计的痕迹，其结构的形成不是各个子市场主动适应经济结构变化的内在需求而进行的变迁，更多情况下是金融市场为配合政府的快速筹集资金意图或者为了达到某种改革效果等而进行的被动改革，其结果会导致金融市场的整体功能不能全面有效地发挥。这种被动地适应经济结构变化的结果：一是忽视货币市场在金融市场中的基础作用，导致资本市场投机盛行，效率低下、市场风险增大；二是过于重视股票市场的场内交易，限制和忽视场外市场的建设和发展，致使中国股票市场融资功能缺失与恶意圈钱现象并存，丧失了合理配置资源、分散风险和优化资本结构的本能。

2. 结构升级上的低层次性。金融市场结构的高级化既是金融市场结构演进的客观需求，也是金融市场结构调整与优化的重要目标之一。金融市场结构的高级化直接表现为金融市场规模扩大基础上的金融市场结构的提高。中国金融市场结构虽然已经实现了从“单一型、集权式”转向“多元化、分散式”，金融市场结构的层次有了一定程度的提高，但与成熟市场相比，中国金融市场结构的高级化还处于一个较低的水平。金融市场的参与主体还不成熟；金融市场的种类、金融交易工具还不十分丰富；金融市场的交易价格还不合理；金融市场之间的依赖性和协调性还不高，金融市场的整体功能没有得到充分的发挥，金融市场效率还有待于提高。

3. 结构创新上的外生性。金融创新是金融市场结构优化的原动力。当前，中国金融市场结构创新具有外生性的特点，即创新在很大程度上不是来自金融市场的内在要求，而是由市场外部因素——政府强制推动的。这种外生性的强制性创新导致中国金融市场结构在经过数量结构、规模结构优化的量变状态之后难以顺利进入功能强化和效率提高的质变状态。

二、中国金融市场结构存在问题的原因分析

中国金融市场结构存在上述诸多问题的原因主要是由市场管理者、市场参与者和市场中介机构等多方面原因造成的，但从金融市场管理者的角度看，其原因主要有以下几个方面：

1. 偏重硬件建设，忽视观念的树立和金融市场基础设施的健全与完善。在金融市场发展建设上，世界发达国家已经有了 300 多年的历史，而中国只有近 30 年的历史。中国金融市场起步较晚、水平落后，因而在思想观念上天然地具有一种比学赶超的冲动。在社会主义市场经济体制逐步确立的过程中，常常比较注重金融市场的硬件建设，而忽视比硬件建设更为重要的市场观念、市场意识、市场行为、市场规则和市场环境的宣传和教育，特别是忽视了金融市场赖于运行的基础设施建设如法规制度建设、信用体系建设、中介服务体系建设、交易结算系统、税收优惠待遇以及金融技术工程等的健全与完善。例如，国内金融市场的许多法律法规的生成，很少是社会集思广益、反复博弈的结果。在这种情况下，一些金融法规一推出就漏洞百出，而且执行起来非常困难。正是中国金融制度、金融法律、法规确立程序上的不合理性，导致大量质量不高的法律法规出台。随着中国金融开放不断的深入，金融市场的硬件建设固然重要，但与 WTO 规则相协调的各种基础性制度更是需要精心建立、健全和巩固的。另外，随着电子计算机技术和网络技术在金融市场中的广泛应用，不仅要加强电子货币系统、网络银行、网络金融市场等金融电子化硬件建设，而且，还要重视金融电子邮件系统、公文传输系统、办公自动化系统、电子档案管理系统、综合服务系统、涉密网建设和个人信用信息系统等金融电子软件的建设。只有这样，中国金融市场结构中的诸多问题才能得

以解决。

2. 偏重数量扩张，忽视金融市场整体功能的发挥与协调。在金融市场发展内涵上，中国传统上固有的比学赶超思想必然使金融市场的数量建设作为第一要务，因而在发展金融市场上只是重视市场参与者数量、金融机构数量、金融产品数量、交易场所数量以及市场交易规模等，而忽视了金融市场基本功能的发挥和不同金融子市场之间的功能协调。这导致了金融市场规模结构与金融市场功能结构之间、不同金融子市场的规模结构之间、不同金融子市场的功能之间出现很多不合理的现象，大大制约了金融市场整体功能的发挥。事实上，金融市场发展既包括数量上的增长，又包括质量上的提高。在中国金融市场的数量发展具有一定的基础之后，应当及时注意质的提高，即提高金融市场自身的功能和机制作用，使之更好地为国民经济发展服务。同时，还要注意金融市场的创新，包括制度创新、产品创新和技术创新等。因为金融创新是金融市场发展的重要动力，金融市场发展不仅表现为金融机构的增加和金融工具的增多，而且表现为金融市场功能的不断完善、效率的不断提高以及核心竞争力的不断增强上。

3. 偏重局部利益，忽视金融市场全局利益的平衡与兼顾。在金融市场发展布局上，中国金融市场的空间结构突出为东部沿海地区与内地中西部地区、城乡之间、所有制结构之间、中小金融结构与大金融结构之间、正规金融机构与非正规金融机构之间以及中资民间金融机构与外资金融机构之间的差距。而国家在处理这一矛盾时，常常从局部利益出发，通过特殊政策的保护和市场准入上的歧视，使得东部沿海金融市场、大城市金融市场、大银行金融机构以及外资金融机构等有了较快的发展，而中西部地区金融市场、农村金融市场、中小金融机构以及中资民间金融机构等的发展则比较缓慢。这种空间区域结构上的不合理，也许在金融市场的发展初期适合了区域经济的不平衡特点，有利于当地经济的发展，但是随着金融市场的进一步发展，特别是加入 WTO 后的全面开放以后，空间区域上的过大差距就会造成中国金融市场整体功能的减弱和市场效率的降低。事实上，金融市场中的局部薄弱很可能成为金融市场发展“木桶”上的“短板”。从长期来看，局部利益的实现以牺牲全局利益为代价不利于中国金融市场的和谐发展，同时也没有体现出金融市场中的科学发展观思想，不利于金融资源的优化配置，更不利于金融市场整体功能的发挥和抵御金融风险能力的提高。

4. 偏重眼前发展，忽视金融市场可持续发展环境的培育与改善。在金融市场发展战略上，中国金融市场过多地注重了眼前利益的实现，而忽视金融市场的可持续发展，特别是忽视了金融市场可持续发展的生态环境的培育和改善。主要表现在：一是作为金融生态微观基础的经济主体如公司、企业和投资者尚不成熟，相当一部分参与主体的经济行为的市场化、现代化和专业化程度还不够，自我约束机制薄弱，创新意识和风险意识缺乏。二是作为金融生态重要组成部分的市场制度性建设仍待加强，如企业破产制度不够健全，不能实现对债权人合法权益的充分保护；部分金融子市场的基础性制度如会计核算制度、税收制度等不完善。三是各类中介服务机构缺乏公信力，信用评级体系不健全，不能发挥评优示劣的作用等。这些问题严重制约了中国金融市场的可持续发展。国外成熟市场经验和中国金融市场发展实践已经充分证明，金融生态的改善乃是金融市场可持续发展的重要前提和基础，只有改善金融生态，为金融市场发展提供良好的外部环境，金融市场才能顺利健康的可持续发展，从而建立在此基础上的金融市场结构才是最适的。

5. 偏重传统金融市场，忽视对金融衍生市场和衍生产品的创新与监管。与成熟金融市场相比，中国金融市场的创新严重不足，在某种程度上影响了金融市场体系的运作效率。一方面实体经济有大量的资金需求难以通过金融市场获得满足；另一方面却有大量的资金低效运转而不能通过金融市场合理配置。目前，既有的金融衍生品也处于初级阶段，难以满足国内投资者多层次的投资需求。因此，我们要通过金融创新来提升传统金融市场的竞争力，在信用与杠杆放大风险可控的状态下，大力发展衍生市场和多种类金融产品，形成多种市场、多种产品并存与结构合理的布局，优化金融市场结构。当然，中国的金融创新仍应该以传统及基础金融产品为主，那些组合过于复杂、销售链条过长、定价过于困难的衍生产品则应该审慎推出，避免过度创新和沦为投机的工具。另外，推动金融创新必须注重加强风险管控机制的配套建设，在制定各种政策时，严格控制杠杆交易的上限，避免利用杠杆效应过度，避免单一市场风险向其他市场传染。同时，要加强监管协调，防止出现监管重叠、监管遗漏或空缺现象，确保金融体系和金融市场安全稳定运行。

第四章 中国金融市场结构优化：评价标准与指标体系

第一节 金融市场结构的一般评价标准与分析指标

一、金融市场结构的一般评价标准

金融市场结构是一个质与量相统一的相对独立系统，而一国金融市场结构的优化程度则直接反映了其金融市场发展水平的高低。从理论上说，最优的金融市场结构应该是实现金融市场结构与经济结构以及金融结构的相互匹配，使金融资源配置到符合本国资源禀赋结构所决定的比较优势的产业中去，促进经济持续健康快速地发展并适应于经济金融发展阶段的最适金融市场结构。从这个意义上说，优化金融市场结构的目的在于最大限度地发挥金融市场的整体功能和提高金融市场的核心竞争力，不断提高金融市场的运行和交易效率。因此，评价金融市场结构优化与否的标准将不是单一的，而是一个标准体系，它具体包括以下几个方面：

1. 要素标准。从金融市场组成要素的角度看，合理的金融市场结构一般应具有理性的交易主体、丰富的金融工具、合理的定价体系和健全的交易组织等。众多的、理性的交易主体可以保证金融市场的高效运行和健康发展，避免过度投机行为的出现，而且众多的市场参与主体可以增强金融工具定价过程中的制衡力量，进而使市场上各类金融工具价格的波动性大大降低；丰富的金融工具既是金融市场功能与作用得到充分发挥的现实载体，也是多元化金融机构体系和金融市场体系的具体体现；合理的定价体系可以保证金融资源的高效配置；健全的交易组织可以保证金融市场的公平、公正交易等。因此，金融市场要素是否有效合理配置则是评判金融市场结构优化与否的基本标准。

2. 功能标准。在现代经济中，金融市场已经渗透到经济活动的各个方面，对整个经济体系的运行产生着巨大的作用，而金融市场作用于经济的主要途径则是通过其基本功能的有效发挥来实现的。一般来说，金融市场的基本功能具体包括融通资金、配置资源、宏观调控、风险管理和信息交流五个方面。这些基本功能相互联系、相互配合、相互补充，从不同的角度和不同的方面共同促进着经济的健康运行和发展。然而，金融市场基本功能能否有效发挥，则是金融市场结构合理性与否的重要体现。也就是说，金融市场的基本功能越能有效发挥，就说明金融市场结构越合理；反之，当金融市场的基本功能不能得到有效发挥时，就说明金融市场结构可能存在着一定的问题。因此，是否有利于金融市场基本功能的有效发挥则是评判金融市场结构优化与否的重要标准。

3. 效率标准。效率是金融市场的深层次体现。如果一国金融市场功能的实现和发挥是以金融资源配置浪费严重、投融资成本过高、金融风险集聚较多为代价的，那么就不能说这个国家的金融市场结构是优化的。因此，对金融市场结构优化的判断标准就不能仅仅看其整体功能是否齐备、是否得到充分发挥，而且还需要考虑金融市场效率标准。所谓金融市场效率，一般是指金融市场的运行和交易的效率。它具体包括：①市场上金融工具的价格对各类信息的反应灵敏度；②市场上各类金融工具的价格是否具有稳定均衡的内在机制；③金融市场上金融工具的数量和创新能力；④金融市场抵御风险的能力；⑤金融市场的交易成本。[①] 一般说来，金融市场效率越高的国家，其金融市场结构就越合理；反之，如果金融市场效率低下的话，就说明金融市场结构一定存在着某种问题。

4. 核心竞争力标准。“核心竞争力”这一术语最早出现在 1990 年，由美国经济学家普拉哈拉德（C.K.Prahalad）和哈默（Gary Hamel）在《哈佛商业评论》上发表的文章中提出的，他们指出：“核心竞争力是在某一组织内部经过整合了的知识和技能，是企业在经营过程中形成的不易被竞争对手效仿的、能带来超额利润的、独特的能力。”核心竞争力可更详细地表达为是企业长期形成的，蕴涵于企业内质中的，企业独具的，支撑企业过去、现在和未来的竞争优势，并使企业长期在竞争环境中能取得主动权的核心能力。对于金融市场而言，其核心竞争力主要是指诚信力、创新力、可持续发展力等，它取决于金融市场是否适合所在国的经济、社会和法律制度环境，是否在这种环境下能够有效地运行，是否有效配置金融资源，以达到促进整个国民经济稳定增长的目的。因此，是否具有核心竞争力乃是判断一国金融市场结构优化与否的重要标准。

5. 金融技术标准。金融技术是指人们在从事金融活动过程中所掌握的各种活动方式、手段和方法的总和。它具体包括金融资产类技术、金融交易类技术和金融监管类技术三个方面。其中，金融资产类技术主要包括货币类金融资产技术（货币、债券、股票、衍生产品等）、证券类金融资产技术（如债券类、股票类、票据类以及投资基金凭证类等）和各类专项基金技术（如保险类基金、住房基金和各类公积金等）；金融交易类技术主要包括现货交易、期货交易、期权交易以及远期和互换交易技术等；金融监管类技术主要包括利率管理技术、汇率管理技术、风险管理技术等。金融技术的开发与应用不仅有助于提高金融资源的配置效率，而且有助于推进新型金融市场的产生和发展，同时也为金融市场的国际化提供了技术保障，从而促使金融市场在层次结构和地域结构方面发生重大变化。因此，金融技术是否

① 李健：《中国金融发展中的结构问题》，中国人民大学出版社 2004 年版，第 72 页。

得到合理开发、应用与创新则是评判金融市场结构优化与否的重要标准。

6. 金融生态标准。金融生态的含义有广义和狭义之分。从广义上讲，金融生态是指与金融业生存、发展具有互动关系的社会、自然因素的总和，具体包括政治、经济、文化、地理、人口等一切与金融业相互影响、相互作用的各个方面，它是金融业生存、发展的基础。从狭义上讲，金融生态是指微观层面的金融环境，包括法律、社会信用体系、会计与审计准则、中介服务体系、企业改革进展及银企关系等方面的内容。对金融市场而言，金融生态是指影响金融市场运行的外部环境和基础条件，它包括了法规制度环境、公众风险意识、中介服务体系、市场信用体系以及市场基础设施建设等。金融生态中各因素相互连接、相互依赖、相互作用，共同构成一个有机整体，即金融生态链。金融生态的改善、演变和发展，会通过改变金融业内部各种力量的对比状况而推动并决定着金融市场发展规律的形成。作为现代市场经济重要组成部分和在金融生态链中居于中心地位的金融市场，应当重视和加强对金融生态的基础性和前瞻性研究，并能充分利用金融生态改善和发展带来的丰硕成果，促进金融市场的全面协调发展。因此，能否推动金融生态环境的进一步改善应是评判金融市场结构优化与否的重要标准。

二、金融市场结构的一般分析指标

根据上述标准，可进一步分解出金融市场结构的一般分析指标，具体包括以下几个方面：

1. 市场类型指标。根据金融市场交易的对象，可将金融市场划分为六类市场，即货币市场、资本市场、保险市场、黄金市场、外汇市场和金融衍生市场等。货币市场是短期资金市场，其基本功能是满足支付性需求、提高资产流动性，为整个金融市场提供基准利率，因而市场交易额比较适合反映其规模的大小；资本市场是长期资金市场，其基本功能是媒介储蓄与投资、促进资本的集聚与形成，因而其发行市场中的筹资额是反映其规模大小的较好衡量指标，但考虑到发行市场与流通市场之间的关系，应将市场总值作为衡量资本市场规模的最佳指标；保险市场的主要功能在于分散风险和组织经济补偿，保费收入是其功能发挥的基本载体，所以保费收入则是衡量保险市场规模的最佳衡量指标；黄金市场是集中进行黄金买卖的市场，因而市场交易额可以很好地反映其规模；外汇市场以调剂外汇余缺、规避汇率风险、决定汇率水平为主要功能，因而市场交易规模是其规模的较好反映指标；金融衍生市场的基本功能是套期保值功能和发现价格功能，因此成交总量（额）是反映其规模的重要指标。总的来看，反映各个子市场结构的指标主要包括：各子市场规模、交易总量（额）、市场总值相对份额、交易主体结构、交易工具结构、交易价格结构等。

2. 市场要素指标。从金融市场的组成要素的角度看，这类指标主要包括以下几个方面：

（1）主体结构。所谓主体结构，是指金融市场参与主体（主要包括政府部门、金融机构、非金融企业、个人和国际机构等）的性质、种类、数量及其所占比重的状态。它具体反映金融市场参与主体的多元化程度和成熟程度及其对市场规范运行的影响程度，是金融市场发育程度和成熟性的标志。其分析指标可用市场参与主体的性质、种类、数量、比重等表示。

（2）工具结构。所谓工具结构，是指金融市场中各种金融工具的构成及其分布、使用、交易、开发及创新的状态。它具体反映金融工具的种类、品种、数量及其相对比例关系，是市场深度和效率的标志。根据金融工具的性质和特点，可将其分为三大类：①基础性（原生性）金融工具，主要包括货币类金融工具（包括流通中的现金和存款货币，存款货币又可细分为居民储蓄存款、企业单位存款和政府存款等）、有价证券类金融工具（包括股票、债券和基金等）和票据类金融工具（主要包括汇票和本票等）；②衍生性金融工具，主要包括金融远期、金融期货、金融期权和金融互换等；③组合性金融工具，主要指上述两种金融工具的组合。分析指标可用各种金融子市场工具的发行额与市场发行总额之比、各种金融子市场工具的交易额与市场总交易额之比、各种金融子市场工具的市值与市值总额之比以及各类金融工具在不同金融主体、不同经济部门与不同区域的分布情况等表示。

（3）价格结构。所谓价格结构，是指各个金融子市场交易工具的价格、收益率之间的对比状态。它具体反映金融工具的价格走势、收益率状况、风险程度及其相互之间的关系，也是金融市场深度和市场效率与公平的标志。其分析指标可用货币市场中各个子市场之间利率水平的对比、资本市场中各个市场之间收益率水平的比较、货币市场的基准利率与资本市场回报之间的关系以及外汇市场中各主要外汇市场上的汇率水平的对比关系等表示。

（4）交易组织方式结构。所谓交易组织方式结构，是指各个金融子市场进行金融工具交易的组织方式的状态。它具体反映金融市场交易中的交易所方式、柜台方式和中介方式的搭配状况，是金融市场交易组织程度的标志。合理的交易组织结构有利于规范市场行为、优化配置金融资源和提高金融市场的运作效率。因此，评价金融市场交易组织结构的指标则是三种交易方式的比重、范围及其在区域和时间上的分布状况等。

（5）市场监管结构。所谓市场监管结构，是指金融市场监管体系中监管主体、监管客体、监管内容、监管体制以及监管目标等方面的组成状态。它具体反映保证金融市场安全、稳定、高效运行的外部环境的好坏。金融监管集中体现在金融管理体制上，由于各国政治、经济、文化、历史等方面条件的不同，金融监管体制并不完全一致。一般的划分方法是按照监管机构的监管范围划分，大致可以分为分业监管体制和混业监管体制。

3. 功能指标。金融市场功能是指金融市场在国民经济发展过程中所具有融通资金、配置资源、宏观调控、风险管理以及信息交流等方面的作用。金融市场功能是否完善以及能否充分的发挥是判断金融市场结构合理与否的重要标准。如果一国金融市场功能比较完善，而且发挥得比较充分，就说明该金融市场结构是合理的；如果一国金融市场功能不完善，而且不能充分发挥的话，则说明该金融结构是不合理的。因此，衡量金融市场功能的指标主要有资金融通能力、资源配置能力、宏观调控能力、风险分散能力、信息交流能力等。

4. 效率指标。金融市场效率是指金融市场运行和交易的效率。金融市场运行效率是指金融市场配置资源的效率，即市场价格对有关信息的反映能力；金融市场的交易效率是指金融市场能否在最短的时间和以最低的交易费用完成交易的能力。金融市场效率的高低直接反映了金融市场结构优化的程度。因此，反映金融市场效率状况的指标主要包括定价机制、风险机制、创新机制以及交易费用等。

5. 健康性指标。金融市场健康是指金融市场稳健、高效运行的状态。健康的金融市场，不仅要求其参与主体具有理性的投资行为、投机行为和竞争行为，而且要求其参与金融机构具有严格的准入与退出机制，要求市场定价机制是高效的、市场制度是健全的、监管体系是完善的等。因此分析金融市场结构健康性的指标主要有市场工具的适应性、市场主体的成熟性、市场之间的均衡性、完备的法制秩序以及金融自由化等。

6. 繁荣性指标。金融市场繁荣是指金融市场在运行和发展中所呈现的一种又好又快的状态，即市场具有投资者广泛、市场规模较大、交易量增多、价格结构合理以及衍生金融工具比较丰富等方面的特征。因此反映金融市场结构具有健康性的指标主要有：市场参与主体的广泛性、市场规模的合理性、交易数量的适度性、竞争的有序性、金融工具的丰富性以及市场交易的活跃性等。

7. 可持续发展指标。金融市场可持续发展力是指金融市场可持续发展的能力。发展金融市场应该充分利用市场机制，合理有效开发利用金融资源，实现金融市场之间的良性竞争，从而达到金融资源供需平衡和良性循环。因此，反映金融市场可持续发展的指标主要包括核心竞争力、创新力以及诚信力等。

8. 金融技术指标。金融技术也是一种生产力，金融市场的发展与科学技术的进步是紧密相连的。现代科学技术手段在金融市场中的广泛应用，导致金融市场结构的深刻变化，特别是在推进金融市场结构的高级化和梯度化方面尤为突出。先进金融技术的采用不仅有助于提高金融市场的运行和交易效率，而且有利于促进金融工具结构的高级化、提升金融机构层次和引起金融监管方式的变革。因此，评价金融技术的指标应包括金融技术的种类，如金融资产类技术、金融交易类技术、金融监管类技术等；金融技术的开发情况、金融技术的应用效果等。

9. 金融生态指标。良好的金融生态，对于推动金融市场充分发挥资源配置功能、降低金融交易成本、增强核心竞争力以及提高金融市场效率等具有十分重要的作用。根据组成金融生态链的诸多因素，明晰的金融产权制度、灵敏的信息反应机制、合理的定价机制、健全的法规制度框架、高效的交易结算系统、完善的信用服务体系、良好的风险意识和文化传统习惯等既是金融生态形成的基本条件，也是评价金融生态结构优劣的主要指标。

第二节 中国金融市场结构优化的评价标准

中国金融市场结构优化的总体目标是实现金融市场结构的最适状态，即实现金融市场结构与经济结构、金融结构特别是产业结构的相互匹配，促进金融市场结构的合理化、高级化与梯度化的协调一致，充分发挥金融市场的整体功能，提高金融市场运行效率和交易效率，规避金融风险，进一步增强金融市场的核心竞争力，为国民经济发展提供强有力金融支持的一种状态。这里将主要从中国金融市场结构优化的三个方面，即金融市场结构的合理化、金融市场结构的高级化和金融市场结构的梯度化的视角来分析其评价标准。

一、中国金融市场结构合理化的评价标准

中国金融市场结构合理化的评价标准主要包括以下几个方面：

1. 各金融子市场之间及其组成要素之间比例的协调性。在金融市

场发展过程中，各个子市场之间是相互联系、相互配合、相互促进和相互支撑的，这就要求各个子市场之间及其组成要素之间应当保持一个适当的比例关系，如果超出这一比例关系，就会导致金融市场结构的恶化，从而影响金融市场整体功能的发挥和金融效率的提高。因此，各个子市场之间及其组成要素之间的比例失衡，就表明金融市场结构不合理；反之，各子市场之间的比例协调，就说明金融市场结构是合理的。那么，各子市场之间及其组成要素之间应当保持一个怎样的比例关系才算适当呢？从理论上说，这一比例是存在的，但在实践中，要找到这一比例的确是困难的。应当说这一比例关系不是一个精确的数值，而是一个大致的区间范围。从静态上看，各个子市场的地位是不同的，自然所占的比例也就不同。从动态上看，各个子市场之间的功能作用是各有侧重的，有的主要功能是配置短期资金资源，有的主要功能是配置长期资金资源，有的主要功能是配置外汇资源，还有的主要功能是配置衍生金融资源等，从而各个子市场之间的比例关系就会出现不平衡。组成要素是每个子市场的有机组成部分，各个子市场之间的比例关系如果出现不平衡，很自然地就会在各个子市场之间的比例关系上反映出来，因此各组成要素之间也会出现比例不平衡的情况。如果某种组成要素所占比例极不合理时，也会导致金融市场结构的失衡。金融市场结构的失衡还会影响到一国的融资结构、金融产业结构、金融资产结构以及金融机构结构的平衡，最终会影响到一国金融结构和经济结构的不平衡。当然，各个子市场之间及其组成要素之间在一定区间和范围内的失衡也属于一种正常现象，不能说金融市场结构就是不合理的。只有那种超越了一定界限的失衡才属于一种真正的金融市场结构不合理，在这种情况下，金融市场结构才需要优化。因此，各个金融子市场及其组成要素之间比例的协调与否应是评价金融市场结构合理性的一个定性标准。

2. 金融市场功能的完善性和发挥的充分性。发展金融市场的目的在于充分发挥金融市场特有的功能，以促进国民经济又好又快地发展。因此，评价一个金融市场结构是否合理，必须从功能的角度入手，以整体功能的完善程度和发挥程度作为判断金融市场结构合理性的一个定性标准。如果一国金融市场的基本功能比较完善，发挥得较为充分，就说明该金融市场结构是合理的；反之，如果一国金融市场的基本功能不健全，发挥得不充分，就说明该金融市场结构是不合理的。从中国金融市场发展的实际看，中国金融市场的基本功能主要有：融通资金、配置资源、宏观调控、分散风险和集散信息五个方面。作为一个金融市场，第一，基本功能是融通资金功能，即为资金短缺方和资金盈余方提供资金融通渠道和融通平台，满足双方各自不同的需求；第二，金融市场通过价格机制和竞争机制等配置金融资源，使金融资源得到合理的配置；第三，金融市场还为政府实施各种货币政策提供可操作的对象（金融变量），如利率、汇率、货币供给量、贷款规模以及股票发行规模等，也是政府实现宏观调控意图的重要场所；第四，金融市场通过严格的交易机制可以有效分散、降低和转嫁经济活动中的各种风险，保持经济体系的稳定性；第五，金融市场还为市场参与者提供各种信息服务，也是国家宏观经济信息反映的“晴雨表”。因此，只有当金融市场基本功能日臻完善并得到充分的发挥时，金融市场结构才可以说是合理的。

3. 经济结构的优化、金融稳定性的加强与资金配置效率的提高。首先，经济发展既是经济数量的增长，更是经济结构的优化。而经济结构优化在很大程度上是通过金融市场机制的传导来实现的。金融市场机制在联系资金供求的同时，不仅沟通了金融发展与经济发展之间的有机联系，而且也沟通了融资结构与产业结构的有机联系。因此，经济结构的优化与否是判断金融市场结构合理化与否的标准之一。[①]

其次，金融市场结构的优化与否直接影响着金融的稳定性，反过来，金融稳定性的加强则是金融市场结构合理化的具体表现。就目前中国金融市场结构的现状看，一是间接融资比例较高，增加了银行贷款风险。一方面商业银行的资金来源以短期资金为主，蕴藏着潜在的短存长贷引发的流动性风险和经营风险；另一方面中国企业外部融资比例较高，并主要依赖银行贷款，这种单一的融资结构会导致经济结

① 曾建中：《中国金融市场结构变迁的路径选择》，《财经科学》，2005（6），第11页。

构调整的成本由银行和政府承担，造成银行不良信贷资产的大量增加和各级政府财政负担的不断加重，孕育着非常大的金融风险。同时，企业融资过度依赖银行贷款，银行不仅因资本重组率过低难以支撑信贷的超量扩张，而且大量中长期贷款实际变相成为企业资本金，增大了银行系统的贷款风险。二是中国 M_2/GDP（衡量金融体系金融风险的另外一个常用指标）比率过高，蕴藏着较为严重的金融不稳定因素。这一指标的持续上升表明中国的经济增长具有明显的信贷推动特征，而且信贷资产的运用效率趋于下降。同时，因为直接融资发展滞后，使得现有的间接融资中大中型企业和中长期基建项目贷款比重高，贷款集中度高容易形成不良资产，不利于金融风险防范。三是在直接融资中，债券市场发展缓慢，债券市值不足股票市值的30%，债券品种结构不合理，国家财政债券比重高，企业债券比重低，市政建设债券几乎空白。企业债券在行政审批制度下又集中于少数大型企业，中型企业难以发债筹资，于是体制外融资方式层出不穷，非法集资问题严重，造成金融秩序的混乱。可见，金融稳定性的加强与否也是衡量金融市场结构合理性的标准之一。

最后，金融市场结构优化有利于提高资金的配置效率，而资金配置效率的提高则是金融市场结构优化的具体体现。在中国银行主导型、政府信用主导型和贷款长期主导型的金融市场体系中，金融资源的垄断性不仅会导致政府对市场干预过多，也会使市场的运作机制弱化。突出表现在：①缺乏合理的投融资渠道，导致资金配置效率低下。一方面，居民储蓄存款缺乏直接投资渠道，投资者无法根据不同风险偏好自由选择投资对象；另一方面，企业难以根据市场资金与产品供求变化选择有利的融资策略降低融资成本，并及时调整生产规模与结构。②资金向国有企业过多集中的现象导致资金配置效率低下。近年来，大量资金通过银行贷款、债转股、技改贴息以及上市多种方式和渠道流向经济效益低下的国有企业，而高科技、高效率的中小民营企业资金却严重供给不足，最终导致了资金的配置效率低下。③资金在金融市场上不能自由流动，货币市场、资本市场与保险市场是三个分割的市场，资金不畅通、价格不统一等。因此，资金配置效率的高低也是评价金融市场结构合理化的标准之一。

二、中国金融市场结构高级化的评价标准

中国金融市场结构高级化的评价标准主要包括以下几个方面：

1. 金融市场要素的高级性与和谐性。金融市场组成要素的完备性与和谐性与否，则是衡量金融市场结构高级化的最基本标准。因为，金融市场组成要素是构成金融市场发展的基础，也是金融市场功能得以充分发挥的基本前提。金融市场结构的变迁主要表现在市场主体、市场客体（金融工具）、市场价格和市场组织方式的变化上。金融市场组成要素的高级性具体表现为：①交易主体由单一到多元、由欠成熟到成熟、由非理性到理性等的变化；②金融工具由少到多、由简单到复杂、由单一到丰富等的变化；③市场价格由垄断到竞争、由扭曲到合理等的变化；④市场组织方式由一元到多元、由低级到高级等的变化。这些变化都反映了金融市场结构层次提升的程度。另外，随着金融市场组成要素的不断增加和丰富，各要素之间相互联系和相互影响的程度日益增加，这更需要各金融要素之间保持一定的和谐性。从世界各国金融市场的发展情况来看，金融市场结构的不断转换和升级是一个共同的取向，因为各个金融子市场的不同功能满足了不同经济主体的投融资偏好和规避风险需求。

2. 金融市场的健康性、繁荣性和高效性。金融市场在国民经济中处于怎样的状况，也是评价金融市场结构高级化的重要标准。金融是现代经济运行的核心，金融市场既是金融活动的舞台，又是市场机制的主导和枢纽，金融市场结构是现代经济结构的集中体现。经济越发展，经济结构越复杂，对金融市场结构的复杂化、高级化要求也越高。相应地，金融市场结构的高级化程度就越发重要。经济越发展，就越需要金融市场保持一定的健康性、繁荣性和高效性。可见，金融市场的健康性、繁荣性和高效性程度则是判断金融市场高级化的标准之一。

3. 金融市场的创新性和开放性。金融创新不仅是金融市场结构高级化发展的主要动因，也是金融市场结构高级化的重要评价标准。因

为，金融市场结构的高级化不仅仅表现为市场总量的扩张、市场参与者的多少和金融工具的丰富，而且表现为金融机构、金融工具和组织方式创新的程度以及定价的有效程度。在整个金融市场结构的变迁过程中，正是由于金融创新的开展，金融工具、金融业务以及金融机构采用新技术的积极性不断提高，由货币化不断向信用化、证券化和虚拟化、电子化、数字化的方向发展的目标才能实现。另外，对外开放也是金融市场发展的必然趋势，只有开放才能使得资本在国际间自由流动，国内市场与国际市场紧密联系，最终使本国经济融入国际市场经济体系之中，参与国际分工，从而实现金融结构、产业结构以及经济结构的升级转换。

三、中国金融市场结构梯度化的评价标准

中国金融市场结构梯度化的评价标准主要包括以下几个方面：

1. 金融市场层次结构对社会经济发展水平的适应性。金融市场总是为社会经济发展服务的，因此金融市场层次结构要尽可能地满足社会经济发展水平的现实要求。随着社会经济发展水平的不断变化，现实社会经济发展就会对金融市场的层次结构提出不同的要求，只有金融市场的结构层次满足了社会经济发展的要求时，金融市场结构的梯度化才是最适的。如果两者偏差太大，说明金融市场结构的梯度化程度还不够，这就需要对金融市场结构的梯度化进行相应的调节。因此，金融市场结构的梯度化节奏应和社会经济发展水平的要求保持一致，并随着后者的变化而变化。

2. 金融市场的期限结构与社会经济发展水平的匹配性。金融市场的期限结构具体反映了银行存贷款的长短期搭配、债券期限的长短期搭配以及保险期限长短期搭配的状况。这一状况必须与社会经济发展水平的要求相适应，反之，就会扭曲金融资源的配置方式，降低金融资源的配置效率。因此，金融市场的期限结构与社会经济发展水平的匹配性应是判断金融市场结构梯度化程度的标准之一。

3. 金融市场的空间结构对社会经济发展水平的吻合性。金融市场

的空间结构具体反映了金融市场在东中西部、城乡之间以及国内外的配置状况。一方面社会经济发展水平决定了金融市场的空间结构；另一方面金融市场空间结构的变化要符合社会经济发展的方向和趋势。只有这样，金融市场促进国民经济发展的作用才能充分地发挥出来，金融市场服务社会经济发展的目的才能达到。因此，金融市场空间结构与社会经济发展水平的吻合性也是判断金融市场结构梯度化程度的标准之一。

可见，金融市场结构的合理化、高级化和梯度化三者是相互联系、相互作用、相互配合的，它们共同决定了金融市场结构的优化程度。因此，在调节和优化金融市场结构的过程中，应把金融市场结构的合理化、高级化和梯度化三者统一起来，以金融市场结构的合理化促进金融市场结构的高级化，以金融市场结构的高级化带动金融市场结构的梯度化，以金融市场结构的高级化和梯度化保证金融市场结构的合理化。在具体指标的操作过程中，应将各种判断标准有机结合起来运用，才能达到理想的效果。

第三节　中国金融市场结构优化的指标体系

上述金融市场结构优化的评价标准只是从宏观方面给出了判断金融市场结构优劣的一般定性标准，而要对金融市场结构优化程度进行具体分析，则需要设置一系列分析指标，构建金融市场结构优化的指标体系。

一、中国金融市场结构优化指标体系的设置原则

为使各项指标的设置既能反映中国金融市场结构的现状和存在的问题，又能有利于定量评价金融市场结构的质量，在构建中国金融市场结构优化的指标体系时应当遵循以下几个原则：

1. 综合性原则。金融市场结构不仅是金融市场发展的具体体现，而且对一国金融市场发展和金融发展具有重要的决定作用和影响力，这就要求所设置的指标体系必须具有足够的覆盖面，能够将影响金融市场结构的主要因素都考虑在内，并且各个指标之间应具有内在的必然联系而不是指标的简单堆砌。

2. 客观性原则。设置的评价指标要能够真实地反映出金融市场结构的质量运动变化的特征与规律，反映出中国金融市场仍属于新兴市场的特点，反映出中国金融市场所处的改革开放的大经济背景。同时，还要考虑中国各个金融子市场的具体特点及其所处的发展阶段，既有现实性又有前瞻性。

3. 科学性原则。设置的指标有些属于定性的，有些属于定量的。对于那些定性的指标，需要通过专家判断来确定，并将专家判定结果定量化进行评估；对于那些属于定量的指标，则可根据实际计算或统计的数值的高低，进行直接判断。当然，无论是定性的指标还是定量的指标都不是绝对的，必须将定性分析和定量计算结合起来，才能作出合理的判断。

4. 可比性原则。设置的评价指标要满足既便于进行纵向比较，又要便于进行横向比较；既要便于进行时序分析，又要便于进行不同阶段和不同区域的比较分析；既要便于各个子市场之间的比较分析，又要便于某一子市场内部的比较分析；既要便于进行国内比较分析，又要便于进行国际比较分析。

5. 可操作性原则。设置的指标必须具有可操作性，这主要表现在：①数据的典型性和可获取性。所要求的数据资料能够通过相关的统计年鉴及时、方便、完整、正确地取得。②指标的可度量性。对定量指标要保证其可信度，对定性指标应能够通过间接赋值或计算量化等。③指标的好度量性。指标的计算务求简单方便，容易操作，尽可能地减少计算过程和降低计算难度。

二、中国金融市场结构优化指标体系的基本思路

构建中国金融市场结构优化指标体系的基本思路是：以优化中国金融市场结构为目标，以金融市场结构的合理化、高级化和梯度化为主线，以一级指标、二级指标和操作指标为手段，全方位、多角度、多层次地探索中国金融市场结构优化问题。具体思路为：

1. 以优化中国金融市场结构为总目标，将这一总目标分解为三个子目标，即金融市场结构的合理化目标、高级化目标和梯度化目标。

2. 进一步分解三个子目标，即将金融市场结构合理化目标、高级化目标和梯度化目标进一步分解为 6 项一级指标，然后在一级指标之下再分解为若干个二级指标，最后在二级指标之下再分解为多个观测点和可操作性指标。

3. 合理借鉴国内外学者关于金融市场结构优化的分析指标的已有成果，设置能够综合反映金融市场结构质与量变化的综合指标，同时能够反映金融市场结构合理化、高级化和梯度化的特征。

4. 在金融市场结构优化指标体系中，重点研究一级指标内容的变化，通过设置二级指标的分值，然后将其计算分析，找出金融市场结构优化的突破口。

三、中国金融市场结构优化指标体系的具体内容

根据上述金融市场结构优化的评价标准和设置原则，在借鉴国际成熟市场经验的基础上，结合中国金融市场结构的实际，就可以得到评价中国金融市场结构合理化、高级化与梯度化的具体指标体系。具体来说，中国金融市场结构优化的指标体系可分解为：3 大类，18 项一级指标，51 项二级指标和 100 多项操作指标或主要观测点等，具体情况分别如图 4–1 所示和表 4–1、表 4–2、表 4–3 所示。

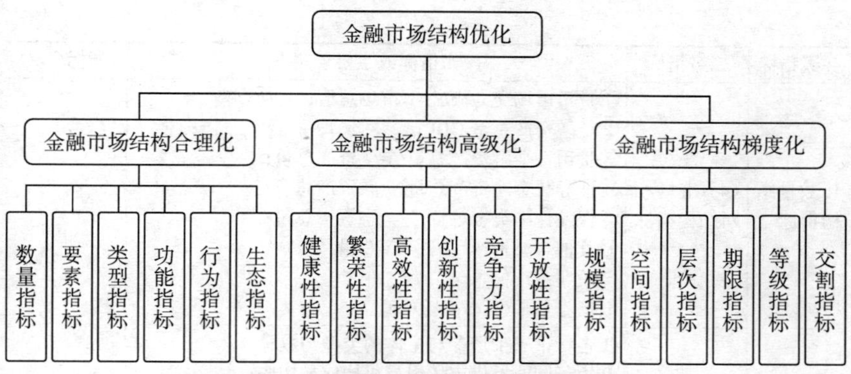

图 4-1 中国金融市场结构优化的评价指标

表 4-1 评价中国金融市场结构“合理化”的指标体系

一级指标	二级指标	操作指标或主要观测点	指标含义
1. 数量结构指标	（1）机构总量结构指标	①各类金融机构持有的金融资产/全部金融资产总额； ②各类金融机构的机构数/全部金融机构的机构总数； ③各类金融机构的人员数/全部金融机构人员总数； ④中资与外资银行业数量分布； ⑤中资与外资保险公司数量分布； ⑥证券公司数量分布； ⑦基金公司数量分布； ⑧信托与租赁公司数量分布； ⑨期货公司数量分布。	本类指标主要衡量各个金融子市场规模及其在配置金融资源中的相对重要性。
	（2）交易量结构指标	①货币市场交易额/GDP； ②银行同业拆借市场交易量； ③银行间债券市场债券发行量； ④票据市场央行票据发行量； ⑤股票市场股本总量； ⑥股票市场市值总量； ⑦债券市场发行总量； ⑧基金市场基金净值； ⑨各期货交易所年期货交易额和交易量； ⑩黄金交易所各交易品种交易量（额）。	
	（3）市场总值结构指标	①资本市场总值/GDP； ②保险市场保费收入/GDP； ③财产与人身保险保费收入/总保费； ④保险深度/保险密度； ⑤基金市场各类型基金净值分布； ⑥期货交易所年交易总额/GDP。	

续表

一级指标	二级指标	操作指标或主要观测点	指标含义
1. 数量结构指标	(4) 市场相对结构指标	①货币市场交易额/资本市场总值; ②金融资产总量/GDP; ③货币性金融资产总量/金融资产总量; ④证券化金融资产总量/金融资产总量; ⑤保险保障类金融资产/金融资产总量; ⑥其他金融资产/金融资产总量; ⑦股票总市值/资本市场总值; ⑧债券总量/资本市场总值。	
2. 要素结构指标	(1) 主体结构指标	①各货币子市场参与主体的类型与数量; ②银行同业拆借市场银行机构成员构成; ③银行间债券市场交易商构成; ④资本市场筹资者结构与投资者结构; ⑤各行业上市公司股票发行股数/上市公司股票发行总股数; ⑥机构(个人)投资者账户数/投资者账户总数; ⑦外汇或黄金做市商构成; ⑧期货市场套期保值者(投机者)构成; ⑨金融机构结构。	本类指标主要反映金融市场各个子市场的组成要素的具体情况。
	(2) 工具结构指标	①原生、衍生及组合工具的发行额或市值/总发行额或总市值; ②A股、B股、H股股本/流通股股本; ③未流通股本(市值)/流通股本(市值); ④各类债券发行额/债券发行总额; ⑤开放式投资基金发行额/封闭式投资基金发行额。	
	(3) 价格结构指标	①各货币子市场的利率结构; ②各种债券的利率结构; ③股票价格结构; ④股票发行市场市盈率/股票流通市场市盈率; ⑤各种期货合约价格结构; ⑥主要外汇的汇率结构; ⑦主要黄金价格结构; ⑧各种货币市场工具的比价; ⑨股票与债券价格的比价; ⑩货币市场的基准利率与资本市场回报率之比。	
	(4) 交易方式结构指标	①场内(交易所)交易方式; ②场外交易方式; ③柜台交易方式。	

续表

一级指标	二级指标	操作指标或主要观测点	指标含义
3. 类型结构指标	(1) 货币市场结构指标	①货币市场规模/GDP； ②各类货币子市场交易额/货币市场总交易额； ③网络银行交易量/金融资产总量。	本类指标主要反映金融市场中各个子市场的规模、总量、品种、工具以及交易主体的结构情况。
	(2) 资本市场结构指标	①股票（债券、基金）市场规模/GDP； ②各资本子市场之间的规模之比； ③证券类金融资产/金融资产总额； ④基金类金融资产/金融资产总额； ⑤信托类金融资产/金融资产总额。	
	(3) 保险市场结构指标	①保险类金融资产总量/金融资产总量； ②财险保费收入/寿险保费收入； ③财险各险种及其相对规模； ④寿险各险种及其相对规模； ⑤保险资金运营结构。	
	(4) 外汇市场结构指标	①外汇市场中的主要做市商结构； ②各主要外汇汇率之比； ③外汇市场交易工具结构。	
	(5) 黄金市场结构指标	①黄金市场交易总量/GDP； ②各黄金交易品种交易量（额）分布。	
	(6) 期货市场结构指标	①上海、郑州、大连 3 家期货交易所年成交金额（量）分布； ②上海、郑州、大连 3 家期货交易所年成交额（量）排名前 20 位的会员分布； ③上海期货交易所各期货品种交易金额（量）分布； ④郑州商品交易所各期货品种交易金额（量）分布； ⑤大连商品交易所各期货品种交易金额（量）分布。	
4. 功能结构指标	(1) 融通资金功能	①储蓄转化率； ②证券市场外部融资比率=证券发行额/资本支出。	本类指标主要反映金融市场在国民经济中的整体功能发挥的状况。
	(2) 资源配置功能指标	主要观测各个金融子市场的配置资金效率。	
	(3) 宏观调控功能	①公开市场操作情况； ②间接货币政策工具的完善程度和运用频率。	
	(4) 分散风险功能指标	主要观测各个金融子市场的风险防范机制、工具、措施与手段的情况。	
	(5) 信息交流功能指标	主要观测各个金融子市场的信息采集机制、信息披露制度和披露机制的情况。	

续表

一级指标	二级指标	操作指标或主要观测点	指标含义
5. 行为结构指标	(1) 市场准入指标	主要观测各类金融市场的市场准入条件的情况。	本类指标主要反映金融市场的垄断、竞争及监管情况。
	(2) 市场垄断指标	主要观测各个金融子市场的金融业务、金融工具的集中度情况。	
	(3) 市场竞争指标	主要观测各个金融子市场的参与者数量，产品（工具）的多少等情况。	
	(4) 市场监管指标	主要观测监管主体、监管内容、监管形式、监管机构的变化情况。	
6. 生态结构指标	(1) 硬环境	主要观测各个金融子市场的交易场所、基本设施、办公条件等的情况。	本类指标主要反映金融市场的生态环境状况，以保证金融市场的可持续发展。
	(2) 软环境	①社会环境； ②经济环境； ③人文环境； ④信用环境； ⑤法制环境。	
	(3) 基础性制度结构	①法规制度框架； ②会计审核制度； ③中介服务体系； ④社会信用体系； ⑤交易结算体系； ⑥信息披露机制； ⑦税收优惠待遇等。	

表 4–2　评价中国金融市场结构“高级化”的指标体系

一级指标	二级指标	操作指标或主要观测点	指标含义
1. 健康性结构指标	(1) 安全性指标	①观测政府防范金融风险的措施与对策； ②观测各类金融市场与金融机构的风险状况以及市场参与主体的风险防范意识。	本类指标主要反映金融市场交易主体的成熟性和交易过程中的安全性与流动性状况。
	(2) 流动性指标	①观测各类金融资产（工具）的流动性； ②各类股票的换手率； ③各类债券的交易量/总发行量； ④各类基金的交易量/总发行量。	
	(3) 成熟性指标	①衍生金融工具量/金融工具总量； ②证券化资产/金融总资产； ③机构投资者总数/个人参与者总数； ④直接融资量/总融资量。	

续表

一级指标	二级指标	操作指标或主要观测点	指标含义
2. 繁荣性结构指标	(1) 规模结构指标	①各类金融子市场规模/GDP； ②各类货币子市场交易额/货币市场总交易额； ③股票市场与债券市场之间的规模之比； ④股票市场与保险市场之间的规模之比； ⑤金融原生市场与衍生市场之间的规模之比。	本类指标主要反映金融市场在规模、总量、资产结构的状态；反映非货币性金融资产的内部结构和持有者偏好；反映衍生金融工具总量的情况。
	(2) 总量结构指标	①金融资产总量/GDP； ②货币性金融资产总量/GDP； ③证券化资产总量/GDP； ④股票总市值/GDP； ⑤债券总量/GDP； ⑥衍生金融工具总量/金融工具总量； ⑦直接融资额/总融资额。	
	(3) 货币结构指标	①M_0 / M_1； ②M_0 / 广义货币 M_2； ③M_1 / 广义货币 M_2； ④基础货币/M_1。	
	(4) 非货币资产结构指标	①债券总量/非货币性金融资产总量； ②股票市值/非货币性金融资产总量； ③保险资产/非货币性金融资产总量； ④信托资产/非货币性金融资产总量。	
3. 高效性结构指标	(1) 运行效率指标	①各类金融机构资本收益率、资产收益率、人均利润率； ②银行业的成本收入比、资产费用率、不良贷款率、人均费用率； ③各类金融机构资本充足率、资本积累率、指标增长率、业务增长率与利润增长率； ④各金融机构从业人员素质和管理水平。	本类指标主要反映金融市场运行效率、投融资效率、资金作用效率以及市场价格是否有效、安全、准确地反映市场信息。
	(2) 投融资效率指标	①企业贷款、股票、债券、票据融资额/企业融资总额； ②短期、长期企业贷款/企业贷款总额； ③国有、非国有企业贷款额/金融机构贷款总额； ④国债筹资额/财政借款总额； ⑤各类国债发行余额/国债发行总余额； ⑥各类居民金融资产持有额/居民金融资产总额； ⑦居民消费信贷款/金融机构贷款总额； ⑧各类居民消费信贷额/消费信贷总额。	

续表

一级指标	二级指标	操作指标或主要观测点	指标含义
3. 高效性结构指标	(3) 资金作用效率指标	①货币化率 = 货币总量/GDP; ②证券化率 = (股票市值 + 债券市值) /GDP; ③直接融资比率 = 直接融资额/非金融机构融资额; ④经济金融化比率 = 加权金融资产之和/GDP; ⑤资本形成率 = 资本支出额/GNP。	
	(4) 定价效率指标	①定价机制; ②价格联动机制; ③价格匹配机制。	
4. 创新性结构指标	(1) 主体结构创新指标	①机构投资者总数/投资者总数; ②个人投资者总数/投资者总数; ③机构投资者总数/个人投资者总数。	本类指标主要反映金融市场在工具、业务以及制度方面的创新能力。
	(2) 工具结构创新指标	①创新金融工具/总金融工具; ② 金融相关比率 FIR = $(M_2 + L + S) / GDP$，其中 L 为全部银行贷款，S 为有价证券。	
	(3) 业务结构创新指标	①中资金融机构国际业务资产总额/中资金融机构资产总额; ②外资金融机构国内业务资产额/外资金融机构资产总额。	
	(4) 制度结构创新指标	主要观测各种基础性制度如法规制度、信用评级、交易结算、信息披露、佣金、中介服务制度以及税收优惠等的创新情况。	
	(5) 服务创新指标	主要包括信息服务、产品服务、技术服务、规则服务等方面的创新。	
5. 竞争力结构指标	(1) 银行业份额结构指标	①前 N 家商业银行资产额/商业银行资产总额; ②前 N 家商业银行存（贷）款额/商业银行存（贷）款总额; ③前 N 家商业银行利润额/商业银行利润总额。	本类指标主要反映金融市场的市场份额、市场集中度等情况。
	(2) 证券业份额结构指标	①前 N 家证券公司资产额/证券公司资产总额; ②前 N 家证券公司代理交易额/证券公司代理交易总额; ③前 N 家证券公司承销业务额/证券公司承销业务总额。	
	(3) 保险业份额结构指标	①前 N 家保险公司保费收入额/保险公司保费收入总额; ②中资与外资保险公司数量分布; ③中资与外资保险公司保费收入分布; ④财产险市场与人身险市场集中度比较。	

续表

一级指标	二级指标	操作指标或主要观测点	指标含义
6. 开放性结构指标	(1) 货币市场开放指标	①外资金融机构同业拆借交易额/银行间同业拆借市场交易额； ②外资金融机构债券回购交易额/银行间债券回购市场交易额； ③外资金融机构债券现券交易额/银行间债券现券市场交易额； ④外资金融机构银行间市场资金融出额/银行间市场资金融出总额； ⑤外资金融机构银行间市场资金融入额/银行间市场资金融入总额。	本类指标主要反映各个金融子市场的开放程度，包括对内开放和对外开放。
	(2) 资本市场开放指标	①国内企业境外上市家数/上市公司总数； ②国内企业境外筹资额/上市公司境内外筹资额； ③B 股市场流通市值/股票市场流通总市值； ④B 股市场交易/股票市场交易总额； ⑤债券市场国外融资额/国内融资额； ⑥QFII 机构数及其持有的证券量； ⑦QFII 投资的金融工具结构。	
	(3) 保险市场开放指标	①外资合资保险公司总数/中资保险公司总数； ②外资保险机构数量/中资保险数量； ③外资保险保费收入/中资保费收入； ④中资保险公司境外保费收入/中外资保险公司保费收入。	

表 4–3　评价中国金融市场结构“梯度化”的指标体系

一级指标	二级指标	操作指标或主要观测点	指标含义
1. 规模结构指标	(1) 行业规模结构指标	①各类金融机构持有的金融资产/全部金融机构资产总额； ②各类金融机构的机构数/全部金融机构的机构总数； ③各类金融机构的人员数/全部金融机构人员总数； ④中资与外资银行业的数量分布； ⑤中资与外资保险公司的数量分布； ⑥证券公司的数量分布； ⑦基金公司的数量分布； ⑧信托与租赁公司的数量分布； ⑨期货公司的数量分布。	本类指标主要反映金融市场中的行业规模和市场集中度的状态。

续表

一级指标	二级指标	操作指标或主要观测点	指标含义
1. 规模结构指标	(2) 市场集中度指标	①前N家商业银行资产总额/商业银行资产总额; ②前N家商业银行存(贷)款总额/商业银行存(贷)款总额; ③前N家商业银行利润总额/商业银行利润总额; ④前N家证券公司资产总额/证券公司资产总额; ⑤前N家证券公司承销业务总额/证券公司承销业务总额; ⑥前N家保险公司保费收入总额/保险公司保费收入总额。	
2. 层次结构指标	(1) 发行、流通市场结构指标	①A股、B股市场交易总额/市场筹资总额; ②A股、B股市场发行量/市场流通总量; ③H股、N股市场交易额/股票交易总额。	本类指标主要反映金融市场中各种性质特征的层次性。
	(2) 场内、场外市场结构指标	①场内市场交易额/场内外市场交易总额; ②场外市场交易额/场内外市场交易总额。	
	(3) 主板、二板市场结构指标	①主板市场交易总额/市场交易总额; ②二板市场交易总额/市场交易总额; ③二板市场交易总额/主板市场交易额。	
	(4) 大、中小银行(金融机构)结构	①中小银行机构总数/大银行机构数; ②中小银行资产总额/大银行资产总额; ③中小金融机构总数/大金融机构总数; ④中小金融机构资产总额/大金融机构资产总额。	
	(5) 直接融资与间接融资结构	①间接融资额/融资总额; ②直接融资额/融资总额; ③直接融资额/间接融资额; ④境外直接融资额/境外融资总额。	
	(6) 所有制性质结构指标	①金融机构对非公有制企业信贷额/信贷总额; ②国有、股份制、民营、外资金融机构总数/全部金融机构的机构总数; ③国有、股份制、民营、外资银行资产总量/银行总资产量; ④国有、股份制、民营、外资保险机构保费收入/保险机构保费总收入。	
3. 空间结构指标	(1) 东中西部市场结构指标	①各金融机构在东、中、西部地区的机构数/全部金融机构总数; ②东中西部地区上市公司筹资额/上市公司筹资总额; ③东中西部地区机构(个人)投资者账户数/投资者账户总数。	本类指标主要反映金融资源的区域性配置情况。

续表

<table>
<tr><th>一级指标</th><th>二级指标</th><th>操作指标或主要观测点</th><th>指标含义</th></tr>
<tr><td rowspan="2">3. 空间结构指标</td><td>（2）城乡市场结构指标</td><td>①各类金融机构在城镇、农村地区的机构数/全部金融机构总数；
②农村信用社贷款总额/各金融机构贷款总额；
③农户储蓄存款额/城乡储蓄存款总额。</td><td rowspan="2"></td></tr>
<tr><td>（3）境内外市场结构指标</td><td>①各类金融机构在境内、境外的机构总数/全部金融机构总数；
②境外融资总额/境内融资总额；
③境外投资总额/境内投资总额。</td></tr>
<tr><td rowspan="2">4. 期限结构指标</td><td>（1）活、定期结构指标</td><td>①活期存款/存款总额；
②定期存款/存款总额；
③短期贷款/贷款总额；
④长期贷款/贷款总额。</td><td rowspan="2">本类指标主要反映金融市场中各类资产的期限状态。</td></tr>
<tr><td>（2）长、短期结构指标</td><td>①利率的期限结构；
②债券期限结构；
③证券发行周期结构；
④债务期限结构。</td></tr>
<tr><td>5. 等级结构指标</td><td>信用等级结构</td><td>①政府的信用等级；
②各类中资金融机构的信用等级；
③各类外资金融机构的信用等级；
④各类债券的信用等级；
⑤资信评级结构；
⑥中介服务结构。</td><td>本类指标主要反映资信等级和信用等级的状态。</td></tr>
<tr><td>6. 交割时间结构指标</td><td>现货、远期与期货期权交割结构指标</td><td>①金融远期交割量/金融现货交割量；
②金融期货交割量/金融现货交割量；
③金融期权交割量/金融现货交割量；
④金融远期交割量/金融期货交割量；
⑤金融期权交易量/金融期货交割量。</td><td>本类指标反映各种金融工具的交割期限的结构情况。</td></tr>
</table>

第五章　中国金融市场结构优化：原则、思路与内容

第一节　中国金融市场结构优化的基本原则

中国金融市场结构的现状、特征与存在的问题表明，当前中国金融市场仍处于粗放型的发展阶段，在数量和规模扩大到一定阶段时，金融市场的结构问题就显得十分突出，已成为中国金融市场运行中的主要矛盾和金融市场进一步发展的主要制约性因素，优化金融市场结构不仅是金融市场发展的内在要求，而且是在金融领域中树立和落实科学发展观的客观要求。金融市场的结构问题大大制约了金融市场的功能发挥和效率提高，难以实现对国民经济又好又快发展的金融支持。因此，大力加强对金融市场结构的完善与优化既是当前中国金融市场面临的迫切任务，也是基于中国金融市场结构现状所做出的明智选择。当然，在完善与优化金融市场结构时，还必须遵循一些基本的原则。

一、适应性原则

所谓适应性原则，是指金融市场结构的完善与优化既要反映金融市场结构自身变迁的规律，又要适应中国特色和国民经济发展方式对金融市场结构产生的各种现实要求。首先，金融市场结构的变化是内

生于金融市场发展变化的，有一定的规律可循。从作用方面看，金融市场结构变迁的目的是充分发挥金融市场的整体功能和增强金融市场的核心竞争力；从形式上看，金融市场结构的变迁是一国金融市场发展不断深化的过程。因此，金融市场结构的完善与优化必须遵循金融市场结构变迁的一般规律。其次，不同的金融市场发展阶段对金融市场结构的要求是不一样的，因此，金融市场结构的完善与优化必须体现中国经济体制改革和金融市场发展的内在要求和现实要求。既要适应中国公有制为主体、多种经济形式共同发展的经济制度，又要密切联系中国银行为主体的金融体系现实。既要积极借鉴和引进国外先进经验，又要苦练内功、自主创新。要以需求为导向，以增强功能为目标，不断提高金融市场结构的创新力。

二、前瞻性原则

所谓前瞻性原则，是指金融市场结构的完善与优化的思想、手段和方法要具有先进性、超前性和预见性。首先，在经济金融日益全球化的背景下，“示范效应”的强化和“技术输入”的增加，可以使一国的金融市场在短期内能够实现跨越式发展。中国应抓住这一机遇，要能敏锐地觉察到世界金融市场结构的变动趋势，及早准备，及时调整，为金融市场的跨越式发展提供优质服务。其次，随着中国金融市场对外开放的不断深入，外资金融机构的大量涌入必然对中国金融市场的发展产生冲击，为此金融市场结构的完善与优化也必须充分考虑到这一新的挑战。最后，以电子计算机和现代网络技术为基础的信息技术在金融领域的广泛应用，对中国金融市场结构的变迁必然产生深远的影响。因此，必须主动利用现代信息技术，以促进中国金融市场结构向高级化和梯度化的方向转换。

三、市场性原则

所谓市场性原则，是指金融市场结构的完善与优化必须遵循市场法则、依靠市场力量并通过市场机制等进行有步骤、有秩序的调整和完善。

第一，坚持金融市场结构的完善与优化要建立在金融市场化改革的基础之上。通过调整与优化，从而提高金融市场各个子市场及其组成要素的市场化程度，如资源配置的市场化、业务运营的市场化以及内部管理的市场化等。

第二，坚持金融市场结构的完善与优化要有利于微观金融活动市场化的发展。随着市场经济的深入发展，微观金融活动的市场化日益明显，具体表现为各市场参与主体对金融服务和金融产品的需要呈现出多样化、多层次和多梯度的特点，并要求有相应的金融市场结构与之配合。

第三，坚持金融市场结构的完善与优化要有利于宏观金融活动市场化程度的提高。一方面，随着市场化监管理念的转变，必然要求对金融市场结构的完善与优化产生市场化的导向；另一方面，随着金融调控从直接调控向间接调控的转变，要使金融市场结构的完善与优化能满足市场化传导行为的要求。

四、开放性原则

所谓开放性原则，是指金融市场结构的完善与优化必须从国际金融发展的大背景出发，将中国金融市场融入到国际金融的进程中，与世界金融市场发展保持同步，其调整与优化的手段和方法应与世界充分对接。

第一，金融市场结构的完善与优化应符合国际潮流，适应国际金融市场结构规则。在调整与优化中国金融市场结构的过程中，要注重对国际标准、规则、惯例的学习和把握，使中国金融市场结构逐步适应对外开放的要求。

第二，金融市场结构的完善与优化要强化对外扩张能力。在引入外资、外资金融机构以及外资金融管理方式时，要重视中国金融机构与金融市场的国际化程度，提高中国金融市场体系的世界影响力。

第三，金融市场结构的完善与优化要重视中国金融市场的国际竞争力的提升。在世界金融一体化趋势下，中国金融市场结构的完善与优化必须以提升中国金融机构的整体竞争力和金融市场的国际认可度为目的，既要选择好恰当的优化路径又要构建适当的优化战略。

第二节　中国金融市场结构优化的基本思路

中国金融市场结构的调整与优化是一项复杂的系统工程，必须要有一个清晰的基本思路。既要从中国金融市场结构的现状出发，充分考虑国民经济发展对金融市场结构的需求；又要适应当今国际金融市场发展的新趋势，充分借鉴国际先进经验和优秀成果。在遵循上述原则的基础上，厘清如下基本思路：

一、明确金融市场结构优化的目标

中国金融市场结构存在的主要问题是，在静态上表现为各个金融子市场之间及其内部组成要素存在着严重的不平衡，在动态上表现为市场结构变迁上的被动适应性、升级上的低层次性以及创新上的外生性等。从而导致金融市场结构的合理化、高级化与梯度化之间严重不协调，金融市场整体功能不能充分发挥，市场运行效率不高。

面对上述问题，怎样的金融市场结构才能有效地实现金融市场的整体功能？如何规划中国金融市场结构完善与优化的目标？林毅夫的“最适金融结构”理论认为，处在不同经济发展阶段的经济体的特征对金融服务的要求是不同的，那么金融结构应当适应于这一特定的经济发展阶段。反过来说，我们把适应于特定经济发展阶段的金融结构称为“最适金融结构”。同样，对于中国金融市场来说，也存在一个适合特定金融市场发展阶段的最适金融市场结构。这一结构是内生于金融市场的，是客观的，是不以人的意志为转移的。因此，中国金融市场结构完善与优化的总体目标应当是实现金融市场结构的最适状态。具体地说，这一总体目标主要包括以下几个内容：

1. 根据金融市场的发展趋势和改革开放的内在要求，按照 WTO 的规则，进一步清理与市场经济发展不相适应的金融市场结构要素，使金融市场结构朝着符合社会主义市场经济体制内在要求的方向转化。

2. 加大创新力度，提升金融技术含量，优化金融生态环境，不断提升金融市场结构的合理化、高级化和梯度化水平。

3. 按照科学发展观的研究，深入研究金融市场结构发展规律，强化金融市场结构的整体效应，促进金融市场结构与经济结构、金融结构以及产业结构的和谐统一。

可见，通过上述目标的实现，可以达到在金融市场结构合理化的基础上，实现金融市场结构的高级化；在金融市场结构高级化的基础上，实现金融市场结构的梯度化；在金融市场结构合理化、梯度化和高级化的基础上，实现金融市场结构的优化。最终实现最适的金融市场结构，即金融市场结构与经济结构以及金融结构的相互匹配，金融资源得到合理配置，金融市场运行效率得到提高，市场核心竞争力得到增强，最大限度地提供优质高效金融服务，为国民经济的又好又快发展提供持续有力的金融支持。

二、把握金融市场结构优化的主线

金融市场结构变迁的三条主线是金融市场结构的合理化、金融市场结构的高级化和金融市场结构的梯度化。因此，金融市场结构的完善与优化也必须围绕这三条主线展开。无论是金融市场静态结构还是动态结构的调整与优化，都要从金融市场结构的合理化、高级化和梯度化的角度入手。这是因为金融市场结构的合理化、高级化和梯度化是相互联系、相互作用的，它们共同决定着金融市场结构优化的程度。从静态的角度分析，金融市场结构的合理化是金融市场结构高级化的基础，只有先进行合理化，才能实现高级化；金融市场结构的高级化是金融市场结构梯度化的前提，只有先进行高级化，才能实现梯度化。从动态的角度分析，金融市场结构的合理化、高级化和梯度化是相互渗透、交互作用的。要实现金融市场结构的高级化，就必须使其结构合理化；要实现金融市场结构的梯度化，就必须使其结构高级化。而且，金融市场发展水平越高，其对结构合理化的要求也越高；要实现金融市场结构的合理化，就必须在其高级化和梯度化的动态过程中进行。因此，任意一条线的调整与优化都会带动另一条线的变化，而这种良性互动作用无疑为整个金融市场结构的优化带来事半功倍的效果。

三、突出金融市场结构优化的重点

鉴于中国金融市场结构存在的诸多问题，在把握好中国金融市场结构完善与优化的三条主线的同时，还必须分清主次、突出重点、抓主要矛盾。即根据每一条主线的具体情况，重点解决那些起关键性作用的问题。

首先，在调整与优化中国金融市场结构的合理化问题时，要重点解决金融市场结构中的增量问题。因为增量问题是影响金融市场结构合理化的关键。具体地说，增量问题主要包括新增市场数量、新增市场要素、新增金融机构、新增市场类型以及新增市场功能等。其中，重点要解决的增量问题有：①市场参与主体的增加，如外资金融机构等；②金融交易工具的增多，特别是衍生金融工具的大量推出；③机构投资者的增加，特别是 QFII 与 QDII 的变化等。

其次，在调整与优化中国金融市场结构的高级化问题时，要重点解决金融市场结构中的创新问题。因为，在金融市场结构的高级化过程中，创新是金融市场结构高级化的根本动力。没有金融创新的强力推动，金融市场结构的高级化就只能是空谈。金融市场结构的每一次升级都是在金融创新下实现的。当新的筹资手段、新的金融工具、新的交易方式出现时，必然带来金融市场结构的升级。因此，要加强对金融创新的引导和鼓励，特别是要注意制度创新、机制创新、工具创新和技术创新等，以提高金融市场结构的高级化。

最后，在调整与优化中国金融市场结构的梯度化问题时，要重点解决金融市场结构中的分层问题。所谓市场分层，是指依据市场的性质、特征、功能、作用以及服务对象的不同等而对金融市场进行多层次、多样性分解的过程。因为金融市场的梯度化是以金融市场的分层为前提和基础的，合理的分层结构不仅有利于满足不同行业特点、不同成长阶段、不同业绩水平和不同所有制类型企业的多样化筹资需求，而且有利于满足不同资金规模、不同心理偏好、不同投机动机的各种投资者多样化的投资需求，从而实现市场风险的分层管理。中国金融市场中发行市场与流通市场结构、场内交易与场外交易结构、主板市场与二板市场结构、大银行与中小银行结构、直接融资与间接融资结构、城乡金融市场结构以及所有制结构的不合理等使得金融市场的分层效应难以有效发挥出来。

第三节 中国金融市场结构优化的主要内容

中国金融市场中需要优化的金融市场结构较多，这里将重点分析以下几种重要的金融市场结构的优化问题。其中，对每种金融市场结构优化的分析主要从三个角度展开，即优化的目标、优化的重点和优化的突破口。

一、中国金融市场要素结构的优化

（一）金融市场主体结构的优化

金融市场主体即金融市场的参与者，它是金融市场的构成要素之一。所谓金融市场主体结构，是指金融市场参与者的构成状况。从参与者性质上看，金融市场主体的构成主要包括政府部门、中央银行、存款性金融机构（商业银行、储蓄机构、信用合作社）、非存款性金融机构（保险公司、养老基金、投资银行、投资基金）、工商企业、居民个人与国际机构等；从交易动机上看，金融市场主体的构成主要包括筹资者、投资者、金融中介机构、投机者和管理者等。在这里，主要从交易动机的角度分析。

1. 金融市场主体结构优化的目标。中国金融市场主体结构优化的目标是，实现金融市场参与主体结构的合理化和高级化。换句话说，优化中国金融市场参与主体结构，就是要提高参与主体的数量和质量。中国金融市场参与主体结构的优化，具体包括货币市场参与主体的合理化和高级化，资本市场参与主体的合理化和高级化，保险市场参与主体的合理化和高级化、外汇市场参与主体的合理化和高级化、黄金市场参与主体的合理化和高级化以及金融衍生市场参与主体的合理化和高级化等。

2. 金融市场主体结构优化的重点。金融市场主体结构优化的重点是，提高机构投资者的数量和质量。发展和壮大机构投资者队伍，以强化和提高中国资本市场的竞争力和吸引力，是实现中国资本市场的持续稳定健康发展的重要措施。除银行业金融机构外，基金公司、财务公司和保险公司等非银行金融机构和企业等非金融机构的市场参与程度快速提高，中国银行间市场的影响与日俱增，其中银行业金融机构是中国银行间市场的主体，同业拆借市场和银行间债券市场会员中，分别有商业银行 339 家和 289 家。证券市场机构投资者日益成熟，机构投资者基础日益雄厚。截至 2006 年底，中国共有基金公司 58 家，管理各类基金 307 只，当年新募集资金的资产净值 4028 亿元，累计净值达 8565 亿元，合格境外机构投资者（QFII）累计批准机构达 55 家，批准外汇额度 90.45 亿美元；社保基金、保险资金和企业年金等加快进入证券市场。其中，保险资金间接入市金额 864 亿元，保险资金直接入市金额 764 亿元，社会保障基金持有股票资产市值为 495 亿元。[①] 上海黄金交易所共有会员 150 家，其中商业银行 17 家，产金冶炼企业 39 家，用金企业 94 家，金融类交易成员进一步

① 尚福霖：《坚定不移扩大机构投资者队伍》，《上海证券报》，2006 年 12 月 2 日。

增多。

3. 金融市场主体结构优化的突破口。金融市场主体结构优化的突破口是，实现资本市场参与主体的高级化。其中，最重要的是提高股票市场的投资者结构和融资者结构的高级化。要以市场手段为主导、政府政策引导为补充，大力培育机构投资者。

目前，中国股票市场中的参与主体质量还不高，主要是以中小投资者为主，散户投资者比例过高，而机构投资者比例偏低，影响中国股票市场的稳定性和流动性，而且容易导致机构操纵市场、投机气氛过浓、投资理念错位、信息反应过度、市场剧烈波动等现象。随着机构投资者数量增多，股票市场稳定性虽然有所改善，但是由于市场规则不完善，监管力度不平等因素，机构投资者操纵市场的行为也时有发生。从融资者的角度看，中国股票市场的上市公司中绝大多数是国有企业，而民营企业、外资企业上市还受到较多限制。另外，在提高金融市场参与主体结构高级化的同时，注意提高金融市场参与主体行为的理性化程度也是一个不可忽视的问题。因为，市场主体的理性程度与金融市场结构的完善与优化密切相关，中国金融市场现存的许多问题都与市场主体的非理性行为有关，随着居民个人在金融市场结构中的作用日益重要，加强对于个人理性化投资行为的培育也是优化中国金融市场结构的重要方面。

（二）金融市场客体结构的优化

所谓金融市场客体结构，即金融资产结构。它是指金融市场中的金融资产如货币性资产、证券性资产、保险保障性资产以及黄金、白银外汇等金融资源的分布、配置的状态。中国金融资产的具体种类可用表 5–1 表示，中国各金融资产的比重可用图 5–1 表示。金融资产是金融活动的重要载体，其种类体现了金融市场的功能，其流动过程反映了金融市场的效率。金融市场中的所有金融活动都体现为金融资产数量的变化。而金融资产结构则是由经济金融结构所决定的，但由于它和其他形态的资产不同，金融资产可以在一定范围内自我复制，因而它对经济发展具有较强的主动性。一方面，金融资产结构的变化反映了经济社会发展的内在要求；另一方面，金融资产对经济社会发展也具有较大的反作用。一个合理的金融资产结构不仅可以更好地满足经济社会发展的需要，而且可以更大限度地发挥金融市场的整体功能和提高金融市场的核心竞争力。

表 5–1 中国金融资产种类

类别	具体种类
货币性金融资产	流通中的现金（M_0）；金融机构的活期、定期存款（M_1、M_2）；银行外币存款
证券性金融资产	股票（A 股、B 股）；国债、金融债券、企业债券；企业融资债券、商业银行次级债券；证券投资基金
保险保障性金融资产	财产保险；人寿保险；政策性保险资产
其他	黄金、白银；在国际金融机构中的资产；金融衍生产品

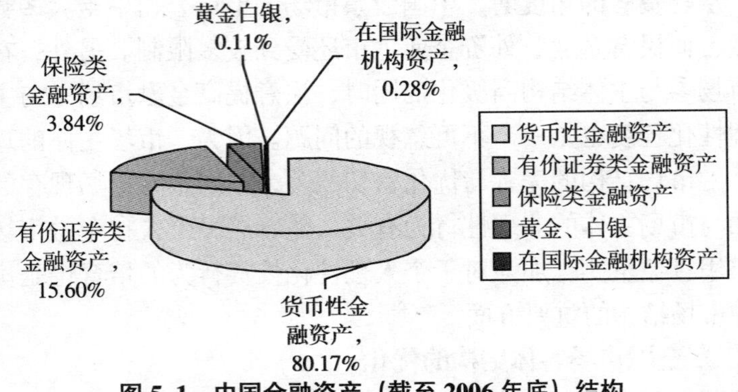

图 5–1 中国金融资产（截至 2006 年底）结构

1. 中国金融市场客体结构优化的目标。中国金融市场客体结构优化的目标是，实现金融资产结构的合理化和高级化。所谓金融资产结构的合理化，是指金融资产的分布、数量比例及其相互之间的关系能够满足经济社会发展的内在要求，更好地为发挥金融市场整体功能和提高金融市场效率服务。所谓金融资产结构的高级化，是指金融衍生资产在金融总资产中的比重。分析金融资产结构的指标体系如表 5–2 所示。

表 5-2 分析金融资产结构的指标体系一览表

分析内容	衡量指标	指标含义
分类结构	货币性金融资产/金融资产总额 证券性金融资产/金融资产总额 保险保障性金融资产/金融资产总额 衍生性金融资产/金融资产总额	衡量金融资产的多元化程度
总量结构	货币性金融资产/GDP 非货币性金融资产/GDP 金融资产/GDP	衡量经济的货币化程度、证券化程度及金融化程度
货币层次结构	流通中的现金（M_0）/ M_2 流通中的现金（M_0）/ M_1 M_1/广义货币（M_2） 准货币（M_2–M_1）/ M_1	反映货币流动性的强弱、存款派生能力和金融宏观效率的高低
货币存款持有结构	城乡居民储蓄存款/存款总额 企业单位存款/存款总额 政府存款/存款总额	反映货币资金的主要供给主体以及银行存款在居民金融资产构成中的地位
货币存款期限结构	活期存款/存款总额 定期存款/存款总额	反映货币资金的稳定程度
非货币性资产结构	债券总额/非货币性金融资产总额 股票市值/非货币性金融资产总额 保险资产/非货币性金融资产总额 信托资产/非货币性金融资产总额 衍生资产/非货币性金融资产总额	反映非货币性金融资产的内部结构和持有者的偏好

资料来源：李健：《中国金融发展中的结构问题》，中国人民大学出版社 2004 年版，第 83 页。

2. 中国金融市场客体结构优化的重点。当前，中国金融市场客体结构优化的重点是，提高证券类和保险类金融资产在 GDP 中的比重，实现金融资产结构的合理化。其理由是基于以下几个方面的分析。从总体上看，中国现阶段金融资产的种类太少，在货币性资产中只有现金、本外币存款等少数几种；在证券性资产中，商业票据和债券的种类偏少，可转换债券、股权存托凭证等资产更少；与原生金融工具对应的衍生工具太少，大多是处于空白状态；保险性资产的种类也十分有限。从总量上看，货币性资产占有金融资产的很大比重，成为中国金融资产的主体。非货币性金融资产增长迅速，但其存量仍然较低，这在一定程度上加大了货币性资产支持经济增长的压力。在间接融资为主的状况下，商业银行不良贷款存量巨大，存在着巨大的金融风险。从增长速度上看，各种金融资产在总量上都保持了快速增长，但速度有所差异，近年来非货币性金融资产，特别是保险保障性金融资产增长较快，与此相对应，货币性金融资产在全部金融资产中的比重缓慢下降，证券性和保险保障性金融资产的比重在缓慢而稳步上升。但由于这三种资产在总量上的差距过于悬殊，所以短期内货币性金融资产比重过大的局面难以改变。另外，居民储蓄存款的快速增长，使准货币（$M_2 - M_1$）的增速远高于活期存款和现金，M_0/M_2、M_1/M_2 呈下降趋势，这在一定程度上反映了中国经济已经由改革开放之初的短缺经济转入了结构性的需求不足。

3. 中国金融市场客体结构优化的突破口。鉴于中国金融资产的现状，中国金融市场客体结构优化的突破口，进一步控制 M_2/GDP 的过快上升，提高直接金融资产的比重，特别是股票和企业债券的比重，从而充分利用以资本市场为核心的现代金融运作机制，提高金融资源的配置效率。中国近几年的直接金融资产的比重及其与世界金融资产结构状况的比较可用表 5–3、表 5–4 所示。

表 5–3　2001 年全球金融资产结构状况

	金融资产总额（10 亿美元）	占金融资产总额（%）			直接金融资产比率（%）
		股票市值	债券	银行资产	
全球	150069.1	19.2	27.8	53.0	47.0
欧元区	38232.7	11.2	24.8	64.0	36.0
北美	57175.2	25.4	33.8	40.8	59.2
新兴市场国家	14356.7	13.6	16.3	70.1	29.9
美国	54488.3	25.4	34.0	40.6	59.4
法国	8837.7	12.1	19.0	68.9	31.1
德国	12172.0	8.8	25.1	66.1	33.9
英国	10981.8	19.7	15.9	64.4	35.6
日本	21627.6	10.6	32.0	57.4	42.6

资料来源：国际货币基金组织：《全球金融稳定报告：市场发展与问题》，中国金融出版社 2003 年版，第 101 页。

表 5-4　1998~2004 年中国直接金融资产与金融资产总额的比例结构

年份	1998	1999	2000	2001	2002	2003	2004
直接金融资产（股票＋债券）	19409.3	26487.0	38581.4	40406.5	44288.4	49046.7	55844.6
金融总资产（亿元）	125169.6	147829.4	174793.2	200849.4	232429.6	274174.1	313693.9
占比（%）	15.51	17.92	22.07	20.12	19.05	17.89	17.80

资料来源：根据 1998~2005 年《中国统计年鉴》、《中国证券期货统计年鉴》相关数据整理。

（三）金融市场工具结构的优化

所谓金融市场工具结构，是指金融市场中金融工具的种类、品种以及数量等所构成的状态。一个成熟金融市场的金融工具一般包括三类：①基础性工具，如各类股票、债券等；②衍生性工具，如远期合约、期货合约、期权合约以及货币和利率的掉期与互换等；③组合性工具，如各种类型的投资基金等。

目前，中国的金融工具结构比较单一，基本上是债务创造型和股权创造型的基础性金融工具，而以流动性增强和风险管理为目的的衍生金融工具没有发展起来。近几年，中国的金融工具虽已大大丰富，① 但与交易主体对金融工具的需求相比，无论是金融工具的品种还是金融工具的数量都远远不足。金融工具的缺乏表现在可供居民投资的金融工具品种较少，除了银行存款以外，只有股票、基金、国债以及少量的企业债券可供选择。另外，货币市场金融工具相对短缺，特别是商业票据和短期债券的发行量很小，难以满足企业日常的短期融资需求。就商业票据来看，品种少，只有交易性票据，缺乏融资性票据，而交易性票据中又以银行承兑汇票为主，商业承兑汇票不到 5%，在

① 据中国人民银行行长周小川透露，截至 2007 年 8 月底，债券存量约 10.48 万亿元，是 1997 年末的 25 倍；市场参与者 7137 家，是 1997 年末的 446 倍。市场参与者范围从建立之初单一的商业银行扩展到所有类型的机构投资者，债券品种从单一的国债、政策性金融债扩大到包括国债、央行票据、政策性金融债、商业银行金融债券、企业债券、短期融资券、资产支持证券、国际开发机构债券、美元债券等多个品种。

票据市场中处于被排斥地位。就短期债券来看，中国发行的国库券中，中长期国债太多，而短期国债太少。另外，企业短期融资券和大额可转让定期存单只是在很短时间内出现过，后来已停止发行。这两种工具的短缺导致企业不能很好地利用货币市场进行短期融资。目前国内推出的黄金投资品种则显得相对单一，国内主要的黄金投资品种为实金、黄金递延交割品种、纸黄金，这种单一的品种不利于吸引投资者参与黄金市场；而且目前在上海黄金交易所进行交易的费用也相对较高，达到国际相同投资品种的数倍，大大影响了投资者参与黄金市场的积极性。

总之，金融工具结构的不合理不仅直接影响金融市场的活力，而且还会导致金融机构和金融工具的风险分担能力减弱，难以实现储蓄向投资的有效转化，资源运用和配置效率受到很大的影响。

1. 中国金融市场工具结构优化的目标。中国金融市场金融工具结构优化的目标是，实现金融工具结构的高级化。所谓金融工具结构高级化，是指金融工具中的高级金融工具所占比例较高，或者说金融工具中具有高技术含量的金融工具比例及其集约化程度比较高。这里的高级金融工具比例等于直接金融工具和金融衍生工具总额与全部金融资产总额之比。

2. 中国金融市场工具结构优化的重点。中国金融工具结构优化的重点是，及时推出金融衍生工具，提高金融衍生工具的比重。金融衍生工具比重的提高是金融工具结构高级化的集中体现。目前，中国的金融衍生工具还几乎处于空白状态，与成熟市场相比，差距较大。

3. 中国金融市场工具结构优化的突破口。当前，中国金融工具结构优化的突破口是，率先推出股指期货，以降低股票市场的系统性风险；随后推出人民币远期交易，以满足分散人民币汇率风险的需要。在积累上述衍生金融工具经验的基础上，有计划地推出其他衍生工具。

（四）金融市场交易价格结构的优化

所谓金融市场交易价格结构是指金融市场中的各种利率、汇率、股票收益率、债券利率等金融资产价格之间相互协调、匹配、联动的机制和状态。交易价格结构的合理与否直接关系到金融市场效率的高低。合理的市场交易价格结构具有稳定市场均衡的内在机制，并对各类信息作出灵敏反应。

1. 中国金融市场交易价格结构优化的目标。中国金融市场交易价格结构优化的目标是，实现市场交易价格结构的合理性。这里的合理性是指各金融子市场内部的交易价格之间具有稳定的定价机制、互动机制和均衡关系，各子市场之间的交易价格具有稳定的联动机制和匹配关系。

在现实生活中，金融市场中的价格结构比较多，其中，比较重要的市场内部价格结构有：货币市场内部的各种利率结构，包括同业拆借市场利率结构、商业票据市场的利率结构、回购协议市场的利率结构、各种贴现利率结构等；股票市场内部的收益率结构；国债市场内部的利率结构；企业债券市场内部的收益率结构；基金市场内部的价格结构；保险市场内部的保费率结构；外汇市场内部的汇率结构；租赁市场内部的租费率结构；黄金市场内部的黄金价格结构和衍生市场内部的各种远期、互换、期货、期权价格结构等。比较重要的价格结构有：货币市场与资本市场之间的价格结构，货币市场与保险市场之间的价格结构，货币市场与外汇市场之间的价格结构，货币市场与其衍生市场之间的价格结构，资本市场与保险市场之间的价格结构，股票市场与企业债券市场之间的价格结构，股票市场与基金市场之间的价格结构，股票市场与保险市场之间的价格以及企业债券市场与保险市场之间的价格结构等。

随着金融市场交易主体的不断多元化和理性化以及计算机网络技术在金融市场中的广泛应用，特别是金融衍生工具的大量涌现，虽然各个金融子市场交易的金融工具不尽相同，但是市场交易主体的交叉性、重叠性甚至统一性的情况不断增多。市场参与主体不仅可以在不同的时间参与多个市场的交易活动，而且可以在同一个时间参与多个市场的交易活动，这种情况大大增强了货币资金在各个金融子市场之间的流动，进而使得各个子市场之间形成一个联动的价格结构。对于交易主体来说，许多金融工具都具有一定的替代性，交易主体在不同的金融工具之间进行的套利活动使得这些金融工具的收益率相互联结，进而形成一个稳定而联动的价格结构。这一稳定而联动的价格结构有利于提高金融市场体系的定价效率，金融市场越繁荣发达，这种价格结构之间的联动关系就越来越紧密，同时也越来越重要。

2. 中国金融市场交易价格结构优化的重点。中国金融市场交易价格结构优化的重点是，货币市场与资本市场之间价格联动结构。这是因为，随着中国金融市场的不断发展，货币市场与资本市场是两个最重要的子市场，保持两个市场的协调发展和有效互动有利于整个金融市场的稳定健康发展。其中，合理的价格联动结构则是沟通连接这两个市场的重要桥梁和纽带。反过来，两个市场之间的价格结构越合理就越有利于两个市场的有效沟通与互动。因此，只有保持两个市场价格结构的长期均衡的联动关系，才能促进两个市场的共同协调发展。

3. 中国金融市场交易价格结构优化的突破口。当前，中国金融市场交易价格结构优化的突破口是，发现并保持货币市场与债券市场之间长期而稳定的利率价格结构。随着中国金融市场改革的不断深入，特别是银行间市场改革的加快，货币市场与债券市场之间的联动关系将越来越紧密。但从实践上看，中国货币市场与债券市场的长期均衡关系还没有形成，其原因在于：一方面，缺乏合理的利率期限结构和利率风险结构，在短期利率和长期利率之间无法形成套利机制，如远期利率协议或者国债期货等；另一方面，在当前市场化利率体系和管制利率体系并存的情况下，管制利率及其变动尚不足以影响实体经济。因此，未来的改革要注意关注以下几个方面：一是放松对固定收益证券市场的管制，加快发展公司债券和各种资产支撑证券，通过公司债券真正将金融市场与实体经济连通起来；二是建立远期利率市场，可先在银行间市场发展和完善远期利率协议，取得经验后再逐步建立国债期货市场；三是进一步完善和规范银行间市场的交易制度如做市商制度，充分发挥银行间市场维持债券市场均衡关系的主导性作用等。

（五）金融市场交易组织方式结构的优化

所谓金融市场交易组织方式结构，是指金融市场在交易组织方式的种类及其内部交易机制如市场交易机制、价格形成机制、报价机制、信息披露风险防范机制等方面的相互配合状态。

1. 中国金融市场交易组织方式结构优化的目标。中国金融市场交易组织方式结构优化的目标是，实现金融市场交易组织方式的梯度化。从成熟市场经验看，根据市场参与主体的差异，形成了至少三个层次的交易方式：一是交易所市场（场内交易方式）；二是场外柜台交易方式；三是投资者直接交易的场外交易方式。中国现有的交易组织方式主要是以场内（交易所）交易方式为主的，相比之下，柜台（OTC）交易方式和场外交易方式的发展则相对滞后，不能满足交易者的多层次交易需求，影响了金融市场的交易效率。

2. 中国金融市场交易组织方式结构优化的重点。中国金融市场交易组织方式结构优化的重点是发展 OTC 市场和场外交易方式。为适应金融市场多层次发展的需要，应在进一步规范场内（交易所）交易的同时，积极发展各种无形的电子网络交易平台，以满足各类机构投资者对场外交易方式的需求。

3. 中国金融市场交易组织方式结构优化的突破口。当前，中国金融市场交易组织方式结构优化的突破口是，进一步完善 OTC 市场交易，从而逐步带动场外交易方式的发展。

二、中国金融市场类型结构的优化

所谓金融市场类型结构，是指各种类型的金融子市场存在、分布及其相互联系与作用的一种状态。中国金融市场的类型有多种划分标准，其中以交易对象作为划分标准是比较重要的一种划分方法。按照交易对象划分，金融市场的类型主要划分为货币市场、资本市场、黄金市场、外汇市场以及衍生金融市场等。其中，货币市场还可以细分为同业拆借市场、商业票据市场、短期债券市场、银行承兑汇票市场、回购协议市场以及货币市场共同基金等；资本市场还可以细分为股票市场、债券市场、保险市场、基金市场以及信托租赁市场等。在众多的金融子市场中，货币市场和资本市场是两个最重要的子市场。

然而，随着金融市场总量快速扩张的同时，中国金融市场的类型结构缺陷也日益暴露出来，突出表现在：一是货币市场、资本市场与保险市场发展不平衡；二是黄金市场、外汇市场的发展才刚刚处于起步阶段；三是金融衍生市场几乎还处于空白状态；四是在货币市场内部各个子市场之间发展不平衡，主要是票据市场滞后于债券回购市场的发展；五是在资本市场内部各个子市场之间发展也不平衡，主要是债券市场滞后于股票市场发展，在股票市场中发行市场滞后于流通市场发展，流通市场中场外市场滞后于场内市场发展，在债券市场中企业债券市场滞后于国债市场发展、短期债券市场滞后于长期债券市场发展等。这种状况大大制约了金融市场整体功能的发挥和金融效率的提高。

1. 中国金融市场类型结构优化的目标。中国金融市场类型结构银行的目标是，实现金融市场类型结构的合理化，以保持各个金融子市场之间合理、均衡、协调地发展。根据国民经济发展需要，应当定位好各个子市场的功能，安排好各个子市场的规模，协调好各个子市场之间的关系，选择好各个子市场的发展方向，规范好各个子市场的行为，从而共同地为经济社会发展服务。

2. 中国金融市场类型结构优化的重点。中国金融市场类型结构优化的重点是在加强货币市场发展的同时，大力发展资本市场和金融衍生市场。特别是企业债券市场和股指期货市场的发展。具体地说，在货币市场中，要优先发展短期债券市场和票据市场；在资本市场中，要重点发展企业债券市场，同时加强保险市场的发展；在黄金市场中，要重视黄金现货市场发展；在外汇市场中，要重视人民币远期市场发展；在衍生金融市场中，优先发展远期、掉期、互换和金融期货市场，在条件具备时，及时推出金融期权市场发展。

3. 中国金融市场类型结构优化的突破口。中国金融市场类型结构优化的突破口是，应选择在两个方面。一方面是在货币市场，应大力发展货币基金市场。因为货币基金市场在连接货币市场和资本市场、推动利率市场化方面具有重要的作用。同时，应进一步发展票据市场和银行间债券市场，以更好地疏通货币市场与资本市场的沟通渠道。另一方面是在资本市场，应完善以合格机构投资者为主导的企业债券场外市场，继续做好金融债、商业银行次级债、混合资本债等债券的发行管理，积极稳妥地推进资产证券化业务试点；同时发展保险市场，进一步拓宽保险资金的运用渠道，使一批诚信、守法、专业的保险公司成为资本市场机构投资者中的主导力量。完善资本市场的基本功能，要通过基础制度的建设，强化市场优胜劣汰机制，从根本上改变上市公司重融资、轻改制和重投资、轻回报的现象，使资本市场真正成为一个对融资者和投资者都具有吸引力的功能完善的市场。

三、中国金融市场融资方式结构的优化

所谓金融市场融资方式结构优化，是指金融市场中各种融资方式之间的搭配比例和组合关系。融资方式结构有多种表现，如按照资金来源的不同，可分为内源融资与外源融资结构；按照融资性质的不同，可分为股权性融资和债权性融资结构；按照融资期限的不同，可分为长期融资和短期融资结构；按照融资主体的不同，可分为政府融资、企业融资和居民融资结构；按照区域划分，可分为国内融资和国外融资结构；按照有无金融中介，可分为直接融资和间接融资结构等。其中，直接融资和间接融资结构是一种重要的融资结构。这里将主要分析这种融资方式结构。

所谓直接融资，主要是指资金供求双方在金融市场上直接进行交易，或者在中介机构帮助下实现直接交易，一般通过股票债券等金融工具的发行与交易进行。所谓间接融资，主要是指以银行等金融机构为中介所进行的资金融资活动，资金供给者购买金融中介发行的金融工具，金融中介再将筹集到的资金贷放给融资者，从而实现社会资金剩余的动员与配置。直接融资和间接融资是现代经济中两种最重要的融资方式，在不同的发展阶段，两种融资方式有不同的地位和作用。一般而言，经济发展水平越高，经济发展的市场化程度越高，直接融资占的比例就越高。但是，一个国家直接融资和间接融资在融资总额中应该各占多大比重，要受到该国经济体制条件、经济与金融的市场化程度、融资制度环境、经济主体的融资偏好以及社会文化传统等多

方面因素的制约，是市场筹资方、投资方及其他市场参与主体相互博弈的结果，没有一个统一、固定的比例。即使同为成熟市场经济的国家，其直接融资和间接融资的比例也各不相同。例如，日本间接融资的比重较大，而美国直接融资的比重相对大一些。对于这两种融资方式在中国的发展演变，国内理论界有一种观点，认为间接融资要逐步被直接融资所取代，这种排斥间接融资的观点是有悖于中国国情的，是不可取的。事实上，直接融资与间接融资是紧密联系的，发展直接融资不是为了取代间接融资，二者的关系是相互促进的，而且在一定条件下，直接融资和间接融资又是相互转化的。[①] 但实现中国金融体制转换，使市场更好地在金融资源配置中发挥基础性作用，必须扩大直接融资的比重则是毫无疑问的。因为，间接融资占主导地位的融资格局所带来的负面影响是多方面的。它不仅使企业保持较高的负债率，增加了筹资成本，也使商业银行承受着较高的资产经营风险，容易导致经济产生剧烈波动。国际社会普遍认识到，过于依赖间接融资，是一些地区和国家出现金融危机和债券危机的主要原因之一。近年来，伴随着中国资本市场的发展，直接融资的比重在逐步扩大，但在融资总额中的比重仍然偏低。因此，需要进一步扩大直接融资的比重，以保持直接融资和间接融资的平衡发展。

1. 中国金融市场融资方式结构优化的目标。中国金融市场融资方式结构优化的目标是，在完善间接融资方式的基础上，进一步扩大直接融资方式，以保持二者的协调发展。

当前，中国融资方式结构的一个显著特点，就是融资结构过于单一，直接融资与间接融资结构不平衡的矛盾依然突出，银行贷款在社会总融资量中仍占绝对比重。以银行贷款为代表的间接融资比率过高，导致金融风险不断向银行体系集中。因此，需要通过优化融资方式结构，进一步提高融资主体的需求满意度和便利度、降低融资成本，改善过于单一的以银行为主体的间接融资结构，促进金融风险的

① 王军生：《论中国金融市场结构的优化》，《北京理工大学学报》（社会科学版），2005 (10)，第 52 页。

合理分散。

2. 中国金融市场融资方式结构优化的重点。中国金融市场融资方式结构优化的重点是，积极发展中小企业的直接融资体系，增加企业的直接融资比例，改善企业的资本结构。其中，要在规范好股票融资的基础上，改革和完善企业债券的发行制度，建立健全中介服务体系，鼓励企业增加企业债券融资。

3. 中国金融市场融资方式结构优化的突破口。中国金融市场融资方式结构优化的突破口是，发展企业债券市场。具体措施有：一是扩大企业债券发行主体；二是允许企业在银行间市场发行和交易债券；三是大力培育企业债券的机构投资者；四是创新债券品种，适度发展债券衍生产品；五是完善债券市场的基础设施，包括建立独立的信用评级制度和追逐评级制度，强化信息披露，完善中介服务体系，建立高效的债券托管与结算系统等。

四、中国金融市场层次结构的优化

所谓金融市场层次结构，是指金融市场在发行与流通、场内与场外、直接融资与间接融资、主板市场与二板市场、大中银行与小银行、城乡金融市场以及所有制性质等方面所呈现的分层状态。

金融市场的层次性是由社会经济发展的水平决定的。金融市场的层次结构状况，直接决定市场的容量和市场功能的完善程度，反过来又会影响到社会经济的发展。金融市场分层可以满足投融资主体细化的金融服务需求、更清晰地进行风险揭示、提高监管效率、提升金融市场向实体经济渗透的能力。随着经济的发展进步，各国金融市场发展都经历了由单一层次向多层次发展的过程，在多层次金融市场中，投资者也容易找到适合各自风险偏好的交易场所和投资品种，这对社会资源的优化配置和提高市场有效性都起到了积极的作用。

目前，中国金融市场层次单一，已成为金融市场健康发展的桎梏。就资本市场来说，主要表现在两个方面：一是无法满足不同风险偏好者的投资需求；二是无法满足中国企业多层次发展的巨大融资需求。因此，借鉴成熟市场经验，[①]优化金融市场层次结构乃是中国金融市场健康繁荣发展的内在要求。

1. 中国金融市场层次结构优化的目标。中国金融市场层次结构优化的目标是，实现金融市场层次结构的高级化和梯度化。金融市场结构的高级化主要从两个方面来衡量：一是证券化比率；二是直接融资比率。与成熟市场相比，中国金融市场结构的层次水平比较低，提升中国金融市场结构高级化的任务还很艰巨。同时，要通过金融市场结构的梯度化，实现各个层次金融市场的有序协调发展。

2. 中国金融市场层次结构优化的重点。中国金融市场层次结构优化的重点是，直接融资与间接融资结构、主板市场和二板市场结构以及场内市场与场外市场结构等。

3. 中国金融市场层次结构优化的突破口。金融市场层次结构优化的突破口是，建立多层次的资本市场。[②]要进一步规范和发展主板市场，分步建设创业板市场，完善代办股份转让系统，适时建立新的交易平台和创新交易方式，改革企业债券发行管理制度，推进统一互联的债券市场建设，扩大企业债券市场的规模，逐步形成包括主板市场、产权市场在内的结构健全、适应多种投融资需求和风险管理要求的资本市场体系，理顺各种市场的制度安排和功能定位。其具体措施有：

首先，要大力发展资本市场，扩大直接融资规模和比重。资本市场作为现代市场经济的重要组成部分，在一定程度上发挥着血液调节中枢的功能。发展多层次的资本市场体系，对于提高市场的筹资能力和资本配置功能，对于保护好市场、控制市场风险具有重大意义。

---

① 美国的证券市场的多层次结构：主板市场、以 NASDAQ 为核心的二板市场、遍布各地区的全国性和区域性市场及场外交易市场。日本的证券交易所的多层次结构：全国性交易中心、地区性证券交易中心和场外交易市场。英国证券市场的多层次结构：除伦敦交易所作为主板之外，还要 USM 和 AIM 两个场外交易市场。

② 中国证监会主席尚福林于 2006 年 12 月提出了建立四个层次的资本市场架构，即积极培育蓝筹股市场；大力发展中小企业板；积极研究适时推出创业板市场；整合代办股份转让系统，探索和完善统一监管下的股份转让制度。

其次，要依托现有市场体系，逐步形成以交易所主板市场和中小企业板市场为主体，以场外交易市场为补充，各类市场内部合理分层的资本市场体系，并通过各层次市场的差别化制度安排，实现市场风险的分层管理和市场整体效率的提高。要稳步发展股票市场，积极培育蓝筹股市场，吸引优质红筹股回归，推出创业板以及加快全国性场外交易市场的筹建，完善股份报价转让系统。当前，加快建设创业板市场，已经成为多层次资本市场建设的重要任务，一大批新经济、新技术、新材料、新能源，以及现代服务业、现代农业企业茁壮成长，对创业板市场建设提出了迫切要求。建设创业板市场要突出三个“重点”：一是重点服务于加快转变经济发展方式，推动产业结构优化升级；二是重点服务于统筹城乡与区域协调发展，推进经济质量的整体提高；三是重点服务于加强能源资源节约和生态环境保护，增强持续发展能力。同时，创业板市场要根据市场化改革原则，充分借鉴境外创业板市场成熟经验，注重后发优势，结合中国中小企业板建设成功经验，在企业准入、发行审核、市场监管、交易运行和退市制度等方面合理安排制度创新。

再次，进一步推动债券市场的平稳健康发展，努力扩大企业债券发行规模，大力发展公司债券，完善债券管理体制、市场化发行机制和发债主体的自我约束机制。坚持市场化发展方向，充分发挥债券市场行业自律的作用。

最后，进一步加强债券市场产品和工具的创新力度；注重各债券市场之间的协调和统筹，主要依托场外市场，促进场外市场与场内市场的互通互联；大力发展机构投资者，积极引入和培育证券公司、保险机构、基金等机构投资者。

五、中国金融市场时间结构的优化

所谓金融市场时间结构，是指金融市场中的现货市场、远期市场和期货市场的相互促进、配合与协调的状态。

1. 中国金融市场时间结构优化的目标。中国金融市场时间结构优化的目标是，实现金融市场时间结构的合理化和高级化。所谓时间结构合理化，是指保持现货市场、远期市场和期货市场交易的协调发展，以满足国民经济发展需要。所谓时间结构的高级化，是指远期、期货市场所占份额达到了一定比例，表示经济的虚拟化程度比较高。

2. 中国金融市场时间结构优化的重点。中国金融市场时间结构优化的重点是，发展金融期货市场。要尽快确立金融衍生产品的发展规划，积极推动相关机构加快金融衍生产品的研发和技术准备。随着金融市场规模的不断扩大和功能的日趋完善，发展期货市场已经具备了必要的基本条件。特别是，我们在商品期货市场已经积累了大量的经验，这些经验有助于金融期货市场的建立和发展。目前，中国酝酿已久的股指期货早已箭在弦上，随后应尽快规划推出利率期货市场和外汇期货市场。

3. 中国金融市场时间结构优化的突破口。中国金融市场时间结构优化的突破口是，进一步发展和完善利率与汇率的远期、掉期以及互换市场。为下一步发展利率期货期权市场和汇率期货期权市场做准备。

六、中国金融市场空间结构的优化

所谓金融市场空间结构，是指金融市场在区位、东中西部地区、城乡以及所有制等方面的布局、分布的状态。具体包括金融机构的空间结构、存贷款的空间结构、金融交易市场的空间结构和金融产业的空间结构等。

目前，中国金融机构的空间结构存在着突出的问题，具体表现在大多数金融机构主要分布在东部沿海城市，而在农村地区、中西部地区的金融机构的分布密度较小（见表 5-5、表 5-6）。尤其是城乡金融机构的种类和数量严重失衡，导致农村金融机构的供给严重不足。首先，从银行金融机构的区域布局来看，无论从机构个数、从业人数还是资产总额上东部明显高于中西部；其次，从证券机构和保险机构来看，东部地区证券公司的资本规模和户数也明显高于中西部地区；最后，从城乡金融机构分布情况看，东部地区农村经济较为发达，其农村银行金融机构较为齐全，但非银行金融机构相对较少，相比之下，中西部地区的农村非银行金融机构不但空白，而且其银行金融机构也不健全。这些状况严重制约了新农村经济建设和发展。

表 5–5　2005 年末银行金融机构地区分布

单位：%

地　区	机构个数占比	从业人数占比	资产总额占比
东部	38	43	61
中部	24	23	14
西部	28	23	17
东北	10	12	8
合计	100	100	100

资料来源：中国人民银行：《2005 年中国区域金融运行报告》，第 6 页。

表 5–6　2005 年末金融机构存贷款地区分布

单位：%

	东部	中部	西部	东北	全国
本外币各项存款占全国比重	61%	15%	16%	8%	100%
其中：储蓄存款	55%	18%	17%	10%	100%
企业存款	70%	11%	13%	6%	100%
外币存款	83%	5%	5%	7%	100%
本外币各项贷款占全国比重	61%	15%	17%	8%	100%
其中：短期贷款	60%	16%	15%	9%	100%
中长期贷款	60%	14%	19%	7%	100%
外汇贷款	85%	6%	5%	4%	100%

资料来源：中国人民银行：《2005 年中国区域金融运行报告》，第 7 页。

1. 中国金融市场空间结构优化的目标。中国金融市场空间结构优化的目标是，实现各个金融子市场在区位、地域等布局、分布上的合理化。特别是保持东中西部地区、城乡地区之间的金融机构的协调发展。同时兼顾东部地区的城乡金融机构之间和中西部地区的城乡金融机构之间的协调发展。

2. 中国金融市场空间结构优化的重点。中国金融市场空间结构优化的重点是，实现东中西部地区的金融机构的协调发展，为协调发展东中西部经济建设服务。

3. 中国金融市场空间结构优化的突破口。中国金融市场空间结构优化的突破口是，大力发展中西部地区的非银行金融机构，如保险机构、信托租赁机构以及中小企业金融服务机构等。

七、中国金融市场基础设施结构的优化

所谓金融市场基础设施结构，是指金融市场中的基础性设施如法规制度框架、信用评级体系、交易结算系统、信息披露制度、中介服务体系以及交易税收与佣金制度等的相互配合与配套的状态。

完善的金融市场功能是靠基础性制度来保障和实现的，加强金融市场基础性制度建设，是解决市场的深层次矛盾和结构性问题以及金融市场稳定运行的内在基础。然而，目前中国信息披露、信用评级等基础性约束与激励机制尚未完全发挥作用，大力加强基础性制度和机制建设仍然是中国金融市场发展中一项紧迫而艰巨的任务。

1. 中国金融市场基础设施结构优化的目标。中国金融市场基础设施结构优化的目标是，实现金融市场基础设施的合理化。即对影响货币市场和资本市场等运行的基础性法规制度、基础性中介服务体系、基础性交易规则、基础性会计审核体系以及基础性的信息披露制度等，加以规范和完善，使之更好地为金融市场服务。

2. 中国金融市场基础设施结构优化的重点。中国金融市场基础设施结构优化的重点是，加强基础性制度建设和完善信用评级体系。要通过基础制度的建设，完善金融市场功能，特别是资本市场的功能。强化资本市场优胜劣汰机制，从根本上改变上市公司重融资、轻改制和重投资、轻回报的现象，使资本市场真正成为一个对融资者和投资者都具有吸引力的功能完善的市场。同时应尽早出台相关的基础性法规制度，特别是建立健全交易、信息披露以及并购重组制度等。

3. 中国金融市场基础设施结构优化的突破口。中国金融市场基础设施结构优化的突破口是，加强资本市场的基础性制度建设。中国资本市场建立十几年来，在法律法规以及各方面的基本制度建设上，借

鉴成熟市场的经验，取得了长足的进展，同时在市场的不断发展中，也不断显露出基本制度建设的不足，不断加强市场基本制度建设，是保证中国资本市场长期稳定发展的根本大计。一是要完善资本市场相关法律体系，建立对投资者提供直接保护的基本制度；二是要继续推行发行制度的市场化改革；三是要完善上市公司规范运作的基础性制度；四是要完善证券经营机构规范运作的基础性制度，特别是信用评级制度、信息披露制度、保护中小投资者利益制度以及会计审核制度等，其中针对中国证券市场信息披露中存在的问题，如虚假信息披露、选择性信息披露以及信息披露不及时等，要通过信息披露制度的创新加以解决；五是要发展多元化机构投资力量，拓宽合规资金入市的渠道。

八、中国金融市场监管结构的优化

所谓金融市场监管结构，是指金融监管在市场监管主体、监管对象、监管内容、监管方式以及监管体制等方面的构成状态。

随着中国金融市场改革开放的不断深入，大力推进金融创新和金融开放是增强金融市场核心竞争力的必然选择，与此同时加强对金融市场的监管无疑是保持金融市场繁荣健康发展的根本要求。特别是中国在加入 WTO 的过渡期结束之后，金融市场将面临着全面的对外开放。全面的金融对外开放不仅会导致金融市场运行机制发生重大变化，而且也会导致金融市场监管的主体、对象、内容、方式和体制发生相应的变化。具体地说，主要有以下几个方面的变化：

1. 监管主体的变化。在金融市场开放条件下，金融市场的监管主体发生变化，金融监管主体不仅有国内货币当局和监管当局，而且有国际金融组织（包括国外货币当局和监管当局）。

2. 监管对象的变化。金融开放不但会增加新的监管对象，而且会改变原有监管对象的经营行为。一般说来，实行金融对外开放，外资金融机构将从利润最大化、业务国际化的经营策略出发，增加对东道国金融活动的参与，致使东道国外资金融机构的数量快速增加，金融机构的结构也相应发生变化。与此同时，外资金融机构的进入还促使国内金融机构采取模仿行为，推出新的金融工具和开展新的金融业务，其经营行为也发生变化。监管对象既有国内金融机构，又有外资金融机构。

3. 监管内容的变化。传统的金融监管主要在于发行执照、审批业务、现场稽核、合规检查等。重点在于审批业务和现场检查，其采取的监管方式多半是具有计划性、行政性。随着金融市场的不断开放，原有金融市场的外延逐步扩大，金融创新不断推进，传统的金融监管方式不再行之有效。其原因在于：一方面，外资金融机构按照现代法人治理结构进行管理，风险与收益之间能够较好地权衡，所以原有的金融监管对它们的约束力较小；另一方面，外资金融机构以国际金融市场为背景，过度监督容易使其寻求国际金融市场为替代，产生转移效应和溢出效应。对于金融监管当局来说，面临着两难的选择：要么从审批制向备案制转变，允许金融机构按照业务发展以及风险控制要求进行金融创新；要么抑制金融机构的创新动力，促使金融活动向境外转移，产生替代效应和溢出效应。

4. 监管方式的变化。金融监管的方式主要包括信息披露监管、金融活动监管、金融机构监管和对外国参与者的管理。在封闭的金融条件下，金融监管是通过直接监管来防范金融风险，保证各金融机构安全运行的。这种计划性监管方法执行起来很简单，但其管理效率较低，这是因为：一方面，审批性监管方法，不利于金融机构开拓业务，因为金融机构每开办一项新的业务都需要事先经过金融监管当局批准。然而，这种方法缺乏动态跟踪，即使有的金融机构经营状况和处境发生了不利变化，金融监管当局也不能在对其业务的审批方面得到体现。另一方面，过度依赖现场稽核和检查，容易导致外部监管代替金融机构内部控制的弊端，不利于金融机构建立法人治理结构。

对境外金融市场实施监管，需要寻求密切的国际协调，以保护国内金融市场的稳健运行。其中，国际协调不仅包括与国际货币基金组织、世界银行、国际清算银行、世界贸易组织等国际组织进行协调，而且包括国外货币当局、金融监管当局等进行协调。换言之，既要参与有关国际金融组织的多边协调，又要有关货币当局和监管当局的双边合作与协调。金融开放使金融监管的国际合作变得不可缺少。由于金融中介活动具有国际化、专业化的特征，因此仅仅依靠单个国家实行金融监管则不能有效控制其经营风险。这就迫切需要加强各国金融监管当局、国际金融组织之间的合作，制定统一的风险监测和控制体系，提高各有关国家金融监管的效率，保证全球金融体系的稳健运行。

5. 监管体制的变化。随着中国金融市场的快速发展和对外开放水平的不断提高，不同种类金融机构的业务日益交叉，金融业综合经营、混业经营的趋势将进一步加快，中国现行的“分业经营、分业监管”的金融监管体制的弊端日益暴露出来。混业经营是世界金融业发展的必然趋势。随着中国金融市场的对外开放，具有混业经营优势的国外金融机构的进入，必然对中国金融市场结构的变化产生较大冲击。中国金融市场结构的完善与优化必须能够应对混业经营的挑战：一方面，要积极主动调整与优化金融市场结构，增强与国外金融市场的竞争力；另一方面，需要学习借鉴国际监管标准，利用国际化的监管手段与方法，加强金融市场监管的国际协调和合作。如何实施合适的金融监管一直是国际经济社会关注的一个重大难题。在经济全球化、金融市场一体化的背景下，金融监管体制改革正在许多国家兴起。从国际金融发展来看，西方发达国家的金融监管都有一个管制、放松和重新监管的过程。从 20 世纪 30 年代到 70 年代，其金融监管的基本思路是加强市场准入管制和分业管理。70 年代后，随着市场竞争的加剧和科学技术的进步，金融市场的国际化步伐加快，直接管制的市场效率大大下降，这时政府对金融市场的监管趋于放松。例如，美国 1970 年取消了 10 万美元以上大额存单 CDs 的利率限制，1980 年吸收存款机构放松管制等，1999 年美国参众两院还通过了金融服务现代化法案，正式取消了分业管理的体制。

在中国，1998 年之前还没有形成完整的金融监管体系，虽然在此之前成立了证券监督管理委员会和保险监督管理委员会，但是银行业监管一直由中央银行负责。2003 年中国银行业监督管理委员会的正式成立，标志着中国“分业经营、分业监管”金融监管制度的正式成立。随着这一制度的实施，其弊端也逐渐暴露出来。首先，现行的分业监管体系是以机构监管为基础划分的，严格的分业监管使金融机构的业务创新和业务交叉服务经常发生矛盾，加大了金融机构和客户的交易成本，降低了金融机构的综合经营效率，并且常常出现一些监管真空，加大了金融监管机构之间的协调成本，在一定程度上是降低了而不是提高了金融监管效率。而且，从世界范围来看，金融业的全能化方向是大势所趋，大多数 WTO 成员国也基本上采取了全能化的金融制度，与国际惯例相融接轨，而中国采取的“分业经营、分业监管”的监管制度显然是与这一趋势相背离的。这就意味着中国金融监管必然要过渡到放松管制、混业管理的监管模式中，与国际接轨。当然，这有一个过程，需要以对国有金融机构产权进行实质性改革为前提条件。

其次，在 WTO 过渡期结束后，中国金融市场的国际化发展进一步加快，这意味着中国要彻底改变单调内向的监管策略，而要采用综合性的、国际性的监管策略，即在监管政策、监管内容与监管手段方面要与国际金融市场发展趋势保持一致，尽量达到国际先进水平。例如，在监管政策取向上，要从国际金融市场的整体发展来考虑，监管政策的覆盖面既要包括国内金融市场，又要包括国外分支机构和本国境内的外资金融机构；在监管内容上，要适应国际资本自由流动加快、网络化交易普及与金融业跨国经营带来的新问题等；在监管手段上，要参照国际标准，使监管法规和各项会计、审计制度与国际接轨，同时还要运用先进的信息网络科技手段对金融市场进行监管。

最后，金融开放条件下的金融市场监管具有综合性、审慎性、有效性、独立性、前瞻性和历史性的特点，要求金融监管当局必须加强金融监管的协调，防止出现监管重叠、监管遗漏或监管空缺的现象。为适应混业经营发展的需要，应实行金融监管的专业化和功能化，以国际惯例和规则为基础，实施审慎的监管，注重市场准入和退出的动态管理，积极运用市场化规则，以审慎监管原则为指引，以及时的信息披露为手段，以健全的内部控制为基础，以规范的市场法则为纪律，督促金融机构建立内控机制，提高信息透明度，建立风险预警系统，实现高效率的金融监管。

1. 中国金融市场监管结构优化的目标。中国金融市场监管结构优化的目标是，实现监管结构的合理化。即随着金融市场监管主体、监管对象、监管内容和监管环境的变化，其金融监管方式和金融监管体制也要作出相应的调整，以满足金融市场对外开放的现实需要。

2. 中国金融市场监管结构优化的重点。中国金融市场监管结构优化的重点是，调整监管体制结构。面对世界金融发展具有混业经营的新趋势，中国金融监管体制必须进行相应改革。①要顺应国际金融监管潮流，改革国内金融监管制度，以国际金融监管的标准来实施其对金融市场的监管，不能对金融市场有过度的行政干预。②要利用国际金融监管经验，完善国际化监管手段与方法。WTO 后中国金融市场的国际化步伐进一步加快，要求金融监管也能实现国际化，这就意味着中国要彻底改变单调内向的管理策略，而要采取综合性的国际性的监管策略，监管政策、手段要与全球经济金融发展趋势一致，尽量达到国际先进水平。③防范国际金融风险传递，加强监管的国际协调与合作。金融国际化发展在加快金融市场快速发展的同时，也使金融风险在国际之间的传递速度加快、危害加深，而国家之间金融监管的不平衡和不协调将使金融市场体系的稳定受到影响，为此建立国际合作的金融监管体系已成为许多国家的共识和追求目标。中国在加入 WTO 过渡期结束后，阻隔国际金融风险传递的屏障正在逐渐消失，寻求金融监管的国际协调和合作理应成为金融市场稳定发展、防范国际系统风险的积极而有效的措施，参与建立全球性和区域性的金融风险防范体系应是中国实施金融监管国际化的重要方式之一。金融监管国际化目前应做的工作包括：一是加紧对证券业进行适当的合作监管，建立与银行监管的《巴塞尔协议》相类似的国际性合作协议，防止金融交易从监管强的部门或地区向缺乏监管的部门和地区转移；二是对金融衍生工具和对冲基金在发展中国家与发达国家之间的运作寻求监管的对称与合作；三是完善国际金融统计，加强会计与信息披露的国际合作与标准化。在参与这些活动中强化中国政府金融监管的国际协调和合作能力。

3. 中国金融市场监管结构优化的突破口。中国金融市场监管结构优化的突破口是，加强对资本市场对外开放的金融监管。资本市场开放是中国金融市场的主要窗口，关系到整个金融市场的健康与稳定，因此加强对资本市场开放的监管乃是优化金融市场监管结构的关键。

九、中国金融市场生态结构的优化

所谓金融市场生态结构，是指影响金融市场运行的外部环境和基础条件的状态，具体地说是指法规制度框架、公众风险意识、中介服务体系、信用评级系统、税收待遇等方面因素所构成的一种有机状态。

中国金融市场发展的历史经验已经充分证明，金融生态的改善是金融市场发展的重要前提与基础，没有近年来金融生态的不断改善，就不可能有中国金融市场的快速健康发展。因此，要进一步推动中国金融市场的发展，就应该从改造市场微观主体、完善法律制度环境、建立与完善信用体系、规范与完善中介服务体系、优化市场监管体系等多个方面，综合地、渐进地改善中国金融生态，为金融市场的快速健康发展提供良好的外部环境和基础条件，使金融市场在保证货币政策顺利实施、推动国民经济快速发展的过程中发挥更大的作用。

1. 中国金融市场生态结构优化的目标。中国金融市场生态结构优化的目标是，实现金融市场生态结构的合理化。即实现金融市场生态中的各个因素的和谐发展。

2. 中国金融市场生态结构优化的重点。中国金融市场生态结构优化的重点是，加快培育和完善信用环境和法规制度环境。①完善金融市场的法规制度环境。一要完善以《破产法》为代表的一系列基本法律法规，保护投资人、贷款人等金融市场参与主体的合法权益，维护正常市场秩序；二要建立完善统一的金融市场规章制度，包括会计、审计、税收以及信息披露制度等，保证市场公正性，提高市场透明度。②完善金融市场信用体系。金融市场是一个信用市场，信用体系的完善与否决定着金融市场交易成本的大小和运行效率的高低。完善信用体系，一要将建立与完善金融市场信用体系作为建立与完善整个社会信用体系的一部分，统筹考虑，协调安排；二要建立和完善信用评级机制，引导与培育信用评级机构，加强市场参与主体信用记录和数据的积累和管理等；三要加强信用宣传，增强市场参与主体的信用意识，培养市场信用文化。

3. 中国金融市场生态结构优化的突破口。中国金融市场生态结构优化的突破口是，改善金融生态所需要的金融市场微观基础。在中国，作为金融生态微观基础的市场参与者队伍（如金融机构、公司、企业和个人投资者）和中介服务机构等尚不成熟，相当部分参与主体的经济行为未完全市场化，现代化和专业化程度不够，自我约束机制薄弱，创新意识和风险意识缺乏。因此，需要从对金融市场参与主体的培养与改造入手。一是丰富市场参与主体的数量与类型，促进参与主体行为的市场化与需求的多元化，防止行为趋同导致市场缺乏活力或波动太大；二是提高金融市场参与主体的质量，即培育素质全面的机构投资者群体，增强其风险意识、信用意识和创新意识等；三是完善金融市场中介服务体系。充分重视和发挥会计师事务所、律师事务所、信用评级机构等中介服务机构在金融市场运行中的重要作用，一方面制定完善统一的相关市场制度规章，对中介服务机构的执业行为进行规范和引导；另一方面要借鉴和引进外国中介服务机构的先进管理技术与经验，提升中国中介服务机构的专业化服务水平。

十、中国金融市场开放结构的优化

所谓金融市场开放结构，是指金融市场中的各个子市场允许外资市场参与主体和金融机构从事境内金融活动或业务的比例状态，或允许国内市场参与主体和金融机构从事境外金融活动或业务的比例状态。

金融市场开放结构反映着一国金融市场的国际化程度。在金融全球化和融入 WTO 的大背景下，扩大开放是中国金融市场改革与发展的必然选择。金融市场开放是金融市场发展的助推器。金融市场开放包括对内开放和对外开放两个方面，这两者又是相互联系的。如果仅仅是迫于 WTO 规则对外资金融机构敞开大门而不能有效实现对内开放的话，那么，不仅仅是对境内金融机构的一种歧视，背离了市场经济的公平竞争原则，而且也会使外资金融机构在中国境内的业务发展和市场运作受到限制，金融市场对外开放的程度和效果也将被削弱。因此，必须在扩大金融市场对外开放的同时积极推进金融市场的对内开放，使两者齐头并进、协调发展，从而达到优化金融市场结构的目的。

1. 中国金融市场开放结构优化的目标。中国金融市场开放结构优化的目标是，实现金融各个子市场开放结构的合理化，即实现金融各个子市场对内开放和对外开放的协调发展。金融市场对内开放包括两方面内容：一是给内资和外资相同的“国民待遇”。即对外资开放的领域和业务，也应该对内资开放；二是给国内经济成分以相同的“国民待遇”。应消除行业垄断和歧视性的准入政策，为非国有资本特别是民营资本进入金融市场领域提供公平竞争的平台，即允许国有经济进入的，也应允许民间资本进入。监管当局应严格按照《行政许可法》办事，改革行政审批制度，缩小行政审批范围。应该由市场决定的，就不应该再诉诸行政审批。对必须设立的行政审批许可事项，在具体实施时也应按照公开、公正、公平的原则，对所有市场主体一视同仁。应在恪守市场准入条件和加强监管的前提下，允许民营资本通过新设、改制或并购等形式，参股银行、保险、证券、信托、基金管理公司和城市信用社等金融机构。特别要尽快设立民营银行，健全和完善金融市场体系的所有制结构，应放松金融业务管制，鼓励金融机构之间的业务竞争，允许金融机构在建立风险控制机制的前提下进行业务拓展和业务交叉，以便为将来金融业的混业经营创造条件。应弱化政府在金融领域的价格管制，加快利率管理体制改革，使金融机构享有充分的利率确定权和金融产品定价权。

2. 中国金融市场开放结构优化的重点。中国金融市场开放结构优化的重点是，资本市场开放结构的优化。资本市场开放结构的优化与否，关系到整个金融市场对外开放的成败。因此，随着对外开放程度的加深，必须优化好资本市场的开放结构。

3. 中国金融市场开放结构优化的突破口。中国金融市场开放结构优化的突破口是，对资本市场参与主体开放结构的优化。具体地说，一是关于市场参与主体结构的优化，重点是对境外合格机构投资者（QFII）资格的审查；二是关于有条件的中资金融机构如何走出去的问题，鼓励国内合格机构投资者（QDII）到国际金融市场上从事投融资活动，积极参与资本市场的国际化进程。同时，要在全面开展对外开放政策成效的分析和评估的基础上，加大对短期跨境资本流动的监测力度，完善并有效实施资本市场对外开放战略，有序、审慎推进资本市场对外开放。

第六章　中国金融市场结构优化：决定条件与制约因素

第一节　决定金融市场结构变迁的基本条件

金融市场结构是由市场的主体结构、工具结构、价格结构、交易方式结构、监管结构以及政策法规结构所组成的。金融市场结构集中反映了金融机构与个人、金融工具、交易价格、交易方式和监管体系的特征及其相对规模。各类金融机构和个人所组成的金融机构体系是金融市场的主体；种类日益丰富和数量不断增加的金融工具是金融市场交易的客体；合理的交易价格和高效的交易方式则是金融市场正常运行的客观表现；而完善的法规框架和有效的监管体系则是金融市场健康高效运行的根本保障。随着经济金融化的进一步发展，金融市场在促进融通资金、动员储蓄、配置资金、分散风险以及集散信息等这一机制中将发挥出越来越重要的作用，并逐步成为现代市场机制的主导和枢纽。

从根本上说，一个国家（或地区）的金融市场结构主要是由其经济金融发展过程中的内外条件所决定的，各国金融市场结构之所以出现差异，则是因为其形成金融市场结构的内外条件不同。[①] 一般说来，内生性因素是形成金融市场结构的决定性条件，外生性因素最终要通

① 李健：《中国金融发展中的结构问题》，中国人民大学出版社 2004 年版，第 33 页。

过内生性因素而发生作用。从内容上看，金融市场结构的状况直接由市场交易主体结构、金融工具结构、交易价格结构、交易方式结构、市场监管结构以及政策法规结构等具体结构所决定。而上述具体结构通常又受到经济金融发展水平、金融制度变迁、金融深化进程、金融开放程度以及金融技术等因素的决定和影响。因此，分析金融市场结构的决定因素还必须从更深层次上去剖析。根据金融市场发展的历史与现状，决定金融市场结构及其变迁的基本条件主要有以下五个方面。

一、经济金融发展水平

在发展经济学中，增长与发展有着明显的界限，熊彼特的经济发展理论对经济发展有过经典的表述：经济增长本身不构成经济的发展过程，因为它只是一个“自然数据”量的变化，而没有产生“在质上是新的现象”。戈德史密斯认为，金融发展既是各种金融工具在规模、数量上的增加，也是更重要的各种金融机构和金融市场的分化和演进。[①] 因此，金融发展具有双重表现，即金融总量的增长和金融结构的优化。金融总量和金融结构优化是金融发展的两个不可或缺的有机组成部分。金融发展与金融总量增长和金融结构优化之间存在着相互影响、相互促进的关系。金融总量的增长是金融结构调整与优化的基础，只有在金融总量不断增长的基础上才可以实现金融结构的优化，而只有经过金融结构的不断优化才能实现金融发展的质的飞跃。反之，如果金融结构不合理，金融总量的增长必然失去持续的动力。

金融市场结构是金融市场发展状况的现实体现，而金融市场结构优化则是金融市场发展的实质。金融市场结构的调整与优化是金融市场在发展过程中的内外因素共同作用下逐步形成与演变的结果。金融发展水平越高，意味着金融机构和金融市场分化和演进得越充分，当然也意味着金融结构特别是金融市场结构越复杂。而金融市场的发展

① 李木祥、钟子明等著：《中国金融结构与经济发展》，中国金融出版社 2004 年版，第 115 页。

变化始终反映了经济金融发展的内在要求，是与一国（或地区）经济金融发展的阶段相对应的。换句话说，处于一定发展阶段的经济体中的最适的金融市场结构应当随着经济金融的发展变化而作相应的内生演变。从金融市场的角度看，一国（或地区）金融市场的基本职能在于动员储蓄、配置资金和降低金融风险，其中，能否有效地配置资金是最重要的。因为只有有效地配置资金，即将有限的资金配置到经济体系中最具竞争力的产业中，才能实现最好的资金回报，同时也才能使金融风险降低到最小限度。而一国最具竞争力的产业结构是由其要素禀赋结构所决定的，处在不同发展阶段的行业或企业其规模特征和风险特征也是不同的。最适的金融市场结构应当及时适应这些特性，克服金融交易中的不对称问题，节约交易成本，实现资金的优化配置，促进要素禀赋结构、产业结构和技术结构的快速提升，最终满足经济的又好又快发展。因此，经济金融发展的阶段与水平是决定金融市场结构阶段性或层次性的根本因素。当然，在同样的内生因素条件下，不同的制度安排和政策等外生因素对形成不同的金融市场结构也具有重要的作用和影响。这一现象可用表 6-1 表示。

表 6-1　金融发展形态与金融市场结构的变动趋势

金融发展形态	金融市场特征	金融主导内容	金融市场结构特征
货币化金融形态	金融发展处于原始阶段；金融机构只有货币经营机构，银行尚未产生；金融工具只有现金货币，没有存款货币，没有金融市场	只存在金融主导倾向，即货币对商品的主导	由于不存在金融市场，因而也不存在真正意义上的金融市场结构
信用化金融形态	金融发展刚步入正常轨道，金融机构主要是银行；金融工具主要是货币和间接金融工具；金融市场只有间接融资市场	信用主导 银行主导	金融市场中的机构、金融工具等增加，金融市场结构复杂性增加
证券化金融形态	金融发展进入快速增长期；金融市场发达，特别是证券市场发达；金融机构多元化，非银行金融机构大量增加，直接融资工具出现	证券市场主导 金融创新主导	金融交易主体多元化，金融机构增多；金融工具多样化；金融市场功能进一步增多；金融市场结构比较复杂化

续表

金融发展形态	金融市场特征	金融主导内容	金融市场结构特征
虚拟化金融形态	金融发展进入创新阶段，金融市场高度发达；金融机构依托证券市场发展，机构本身具有虚拟化倾向；金融工具进一步多样化和虚拟化	金融工具主导 金融产业主导	金融机构和衍生金融工具不断涌现；金融市场结构极为复杂，具有更加多层化和高级化趋势

从金融市场的产生和发展历史来看，金融市场结构的升级与转化的特点总是从简单到复杂、从低级到高级、从粗放到集约、从僵化到创新以及从封闭到开放的有序变迁过程。金融市场结构的变迁是金融市场结构内外因素共同作用的结果，而这一过程也总是与经济金融发展过程相伴随。正是由于经济金融的发展，多元化的金融交易主体、丰富多彩的金融工具、有效的交易价格、合理的交易方式、高效的监管机制以及完善的政策法规框架才得以产生和建立。

可见，经济金融发展的阶段和水平乃是金融市场结构变迁最重要的决定条件之一，它直接决定了金融市场结构调整与优化的层次和水平。

二、金融制度安排

金融制度是关于金融交易的一系列规则、惯例和组织安排。具体地说，它是一个国家通过法律、规章制度和货币政策等形式所确定的关于金融交易主体、交易规则和交易环境以及金融交易主体的地位、作用、职能和相互关系的一系列安排的总和。它一般具有以下几个规定：①金融制度是金融交易赖以顺利进行的一种社会形式，它表现为一系列的规则和秩序，以规范金融主体在其交易过程中的行为。②金融制度本身是不能独立存在的，必须有实际的承载体，比如金融机构、金融市场、中央银行、金融法规等。③金融制度通过某些规则、惯例和组织安排等为金融交易过程提供激励和约束机制，界定选择空间，降低交易费用，并为人们之间的金融交易关系提供必不可少的保障机制等。

判断一个国家的金融制度是否有效，除了看其正式规则和非正式规则是否完善外，更主要的是看这个国家金融制度的实施机制是否健全。根据新制度经济学的分析，制度实施机制有三种形式：①自我实施机制，就是契约各方自己约束自己，自觉遵守已有的规则；②互相实施机制，就是契约各方互相监督，如果一方不遵守规则，另外各方可退出交易或者警告、惩罚违约者；③由第三方实施的机制，即在契约各方一致同意的前提下，大家把监督契约实施的权利，包括施加惩罚的权利都交给某个具有一定权威性的第三方，由第三方实施，以此提高契约履行的公正性和效率性。之所以建立金融制度的实施机制，其原因在于：一是金融交易的复杂性；二是金融交易主体的有限理性以及机会主义行为；三是金融契约的当事人的信息不对称性等。在现实的金融活动中，金融制度实施机制的主体一般是国家以及由国家授权的金融机构。一个高效的实施机制可以将违约成本提高到使任何违约行为都觉得不划算，从而使违约数量大大减少。

金融市场是一种特殊的契约制度安排。[①] 作为制度的金融市场，也是从事金融活动的当事人之间关系契约的网络，其发展变化必然会受制于金融制度。金融制度对于金融市场结构变迁的决定作用主要是通过金融制度对于金融市场发展的影响而发生的。金融制度是一种节约交易费用和提高金融资源配置效率的制度安排。金融制度建立的目的是规范人们的金融交易行为，协调人们的金融交易活动，减少人们的金融交易成本，使之更好地促进金融市场的发展。金融制度对金融市场发展的影响主要表现在以下几个方面：

1. 金融制度为规范金融市场交易行为提供了制度保障。在金融市场交易中，由于机会主义的广泛存在，会造成金融市场运行的紊乱和低效率，导致交易费用的上升，而金融制度的机制和规则可以有效监督、约束和惩罚机会主义行为，从而规范金融市场交易行为，提高金融市场交易效率。

---

① 周业安：《金融市场的制度与结构》，中国人民大学出版社 2005 年版，第 37 页。

2. 金融制度有助于降低金融市场中的金融风险。由于人的有限理性和金融市场运行的复杂性，金融市场充满着各种各样的金融风险。而金融制度可以借助于一定的规则制度和组织形式把金融市场中的金融风险转移分散给那些愿意承担风险，并期望从风险中获取高额收益的机构和个人。金融制度提供的旨在协调市场交易者利益冲突和规范人们行为的某些规则和惯例能够使金融市场主体形成稳定的预期，减少金融交易的盲目性。

3. 金融制度有助于金融市场发挥其自身的功能。金融制度所提供的规则或机制能够促使金融市场主体产生积极从事金融交易活动的内在动力，界定市场主体的选择空间，约束市场主体之间的相互关系，从而降低金融市场的运行成本，减少金融市场交易中的不确定性，这样金融市场所具有的动员储蓄功能、配置资源功能、分散金融风险功能以及集散经济信息功能等才能发挥出来。

可见，金融制度安排也是一国金融市场结构变迁的基本决定条件之一，它决定了金融市场结构调整和优化的方向和力度。

三、金融创新力

所谓金融创新，其概念具有广义和狭义之分。狭义的金融创新是指金融工具的创新；广义的金融创新是指金融领域内各种金融要素的重新组合。从内容上看，金融创新具体表现为金融机构、金融业务、金融工具、金融市场和金融制度等方面的创新。所谓金融创新力是指将创新思想具体应用于金融发展过程中所表现出来的能力。对于金融市场而言，其金融创新力具体表现为在制度创新、机构创新、管理创新、服务创新、工具创新、功能创新、定价创新以及技术创新等方面的能力。金融市场的创新力越大，新的金融市场、金融机构、金融产品、金融工具、交易方式以及交易技术等就越多，推陈出新就越频繁，相应地，金融市场结构的升级和转换就越快。

对于成熟市场国家而言，金融市场的基本框架比较完善，基本功能都已齐备，金融创新往往是指金融衍生产品的开发与使用等。但对于经济转型之中的新兴市场国家来说，金融市场的基本框架尚未完全建立，金融市场的基本功能尚未理顺和到位，这时的金融创新并不仅仅是指金融衍生产品，而是指金融市场的整体基础设施建设和金融市场基本功能的建立与健全，包括理顺各个子市场之间的关系等也是一种创新。从这个意义上说，新兴金融市场的创新任务是全方位的、多层次的和多角度的。在这种情况下，金融市场的每一次创新都会对金融市场结构产生影响。对于市场管理者来说，要善于引导和把握金融市场创新的方向和节奏；对于创新主体来说，要善于观察和抓住一切创新机会，在一定的法律和监管框架内有序地推进使各种创新，使更多的机构创新、业务创新、机制创新、产品创新、工具创新和技术创新等不断满足社会经济发展对于金融市场结构的客观要求。

从各国情况看，金融创新越活跃的国家，其金融市场结构的调整与优化就越充分、越合理和越有效；反过来，合理的金融市场结构越有利于金融市场整体功能的发挥，越有利于金融市场的持续健康繁荣发展。这说明金融创新和金融市场结构的变迁是一种高度的正相关关系。从历史阶段上看，哪个时期的金融创新多，哪个时期的金融市场结构的调整与优化就越及时、越主动和越到位，相应地，其金融市场发展就越好越快。另外，在金融市场一体化、区域化、全球化趋势日益增强的条件下，一方面，外资金融市场要素陆续进入国内，同时也将国际金融市场创新的主要成果引入到国内；另一方面，国内金融机构的境外发展也对境内金融市场业务产生重要的影响，从而推动国内金融市场结构不断地适应国际金融市场结构的变动趋势并逐步地与国际金融市场接轨。

可见，金融创新作为一项极具层次性和程序性的系统工程，对于金融市场结构变迁的影响也具有决定性作用。它是金融市场结构调整与变迁的基本推动力。鼓励和加强金融创新是主动调整和优化金融市场结构的重要途径。

四、金融开放度

金融开放是指一个国家或地区的金融机构、金融市场分别与外资金融机构、国际金融市场等不断融合的过程。所谓金融开放度，是指一国金融市场对外开放程度的指标体系，它具体由银行业的开放度、证券市场的开放度以及保险市场的开放度等加总而成。[①] 金融开放是一国金融发展中的一种特定状态。从这个意义上看，金融开放具有普遍性，因为在金融全球化、一体化的趋势下，几乎所有的国家或地区都在不断增强金融领域的国际合作。尽管如此，金融开放对于发展中国家尤其是新兴市场经济体来说，具有特别重要的意义，因为这些新兴市场经济体的金融体系是在封闭的经济状况下建立起来的，并受到其自身的经济发展阶段和发展水平所制约。而金融开放则是将这种封闭的金融体系加以调整，使之与国际金融体系融合与统一的过程。它不仅是一国金融现代化的要求，也是国际贸易自由化的重要前提。

对于一国的金融市场来说，金融市场开放对其金融市场结构具有很大的影响。一般说来，在开放经济条件下一国的金融市场结构在相当程度上会受到外部因素的支配与影响，特别是与本国金融关系密切的发达国家。它们通过金融机构的进入、金融业务和交易技术的带入以及资本流动等形式，将使东道国的金融市场结构发生变动。这是因为金融开放将对发展中国家的金融制度产生深刻的变革和影响，其中，最为重要的是使金融市场运行机制发生深刻变化。这种变化的基础在于：金融市场运行的主体发生结构性变化和功能性变化。一方面，外资金融机构的进入使东道国金融市场活动的主体发生结构性变化；另一方面，东道国金融市场活动主体的经营行为也会相应发生变化，其参与国际金融市场的频率与规模明显增加，致使其国内金融市

① 从计量的角度来说，金融市场的开放度是衡量金融市场总量规模上的开放程度。以中国银行业为例，银行业的开放度可以用外资银行在华资产占银行体系总资产的比重来测量。

场结构发生功能性变化。

金融市场结构的变化具体表现在：国内外金融机构业务的混合，使金融市场的融资功能和价格形成机制具有新的特点。与封闭金融相比较，在金融开放条件下，金融中介既包括国内金融机构，又包括外资金融机构；金融市场交易范围既有国内金融市场，又有国际金融市场；金融市场监管的主体，既有货币当局和监管当局，又有国际金融组织（包括国外货币当局和监管当局）等。

金融开放使金融市场的参与主体、监管主体、金融交易工具以及金融中介等呈现多元化，尤其增加了新的市场参与主体和交易工具，使其对外依赖程度大大增强，原有的金融市场运行机制受到巨大冲击，具体表现在以下几方面：

1. 货币调控与金融市场监管对象的不可控性有所增强。在金融对外开放过程中，国际化经营的外资金融机构大量进入，加上国内金融机构与境外金融机构业务往来日益密切，这样，不论是货币调控，还是金融市场监管，都会遇到较大的外在约束。如当东道国采取紧缩的货币政策或严厉的金融监管时，大量的金融活动可能会向境外转移，致使国内资金供给的变化被金融中介对国际金融的市场需求所抵消。

2. 货币政策和金融市场监管的效率趋于减弱。在金融开放条件下，国外金融中介和国际金融市场的变化会对国内金融市场运行产生重大影响，甚至可能产生传染效应或蔓延效应，导致国内金融市场运行的失控。在金融市场运行过程中，境外金融机构运作会对国内金融市场运行产生影响，而货币当局和监管当局却不能对其进行有效的调控和监管。因而，不可调控的境外金融中介和国际金融市场，将使金融市场监管面临新的困难。

3. 在金融开放条件下，金融中介业务日益多元化和国际化，对境外金融中介实施监管，需要寻求密切的国际协调，以保护国内金融业的稳健运行。这里的国际协调，不仅包括与国际货币基金组织、世界银行、国际结算银行、世界贸易组织等国际组织进行的协调，而且包括与国外货币当局、金融监管当局等进行的协调。换句话说，既有参与有关国际金融组织的多边协调，又有与有关货币当局和监管当局进行的双边合作与协调。因此，在金融开放条件下，金融中介的结构性变化和功能性变化会导致国内外金融市场的融合，增加金融运行的外在约束，产生金融风险的传递和蔓延，使货币政策与金融监管面临新的挑战，而且会加大国内外金融政策协调的难度等。

可见，金融开放度也是金融市场结构变迁的基本决定条件之一，而且金融开放程度对其金融市场结构的影响是长期的、深刻的和全面的。一方面，金融开放会给金融市场结构的调整与优化带来一些不确定性，增加调整和优化的难度；但另一方面，金融开放也为一国金融市场结构向高级化和梯度化的升级和转换提供一个重要的机遇和平台。

五、科学技术水平

金融市场的发展与科学技术的进步是紧密联系在一起的。技术进步不仅是推进产业革命，而且也是推进金融革命的重要动力。现代科学技术手段在金融领域的广泛应用，导致金融市场和金融市场结构发生了深刻变化，特别是在推进金融市场结构的高级化方面表现更为突出。现代科学技术对于金融业的影响首推电子计算机及其网络技术在金融活动中的应用，其直接结果是数据处理由手工操作转变为电子计算机自动化运作；金融交易与支付实现了网上操作，大大降低了金融交易成本，提高了交易效率；金融服务信息实现了全球计算机联网，实现了金融信息的及时对接和披露等。

具体地说，以电子计算机及其网络技术为代表的现代科学技术在金融领域中的应用对金融市场结构产生的影响主要表现在以下几个方面：①推进新型金融市场产生。现代计算机及其网络技术的应用，不仅推进了新型金融市场的产生和发展，而且也为金融市场国际化提供了技术保障，从而使金融市场在层次结构、地域结构等发生重大变化。②促进新型金融机构诞生，提升金融机构层次。如网络银行、货币市场互换基金、银行持股公司、金融资产公司等新型机构的问世，无疑推进了金融机构结构的变化。③创新金融工具，促进金融工具结构的高级化。电子计算机技术的广泛运用为许多新的金融工具的产生奠定了基础，如自动转账服务、现金管理账户、超级可转让支付账户等一批新的可转让存单和其他有价证券账户产生，指数化货币选择权票据、货币互换、利率互换、金融期权等转移风险保值类工具的出现；还有本息分销公债、可转让债券、零息债券等其他许多新型融资工具的出台都是建立在电子计算机应用基础上的。这不仅提升了金融工具结构的层次，而且也提高了金融业的技术含量。④引起金融监管技术的创新和金融监管方式的变化。

可见，以电子计算机和现代网络技术为基础的信息技术在金融市场中的广泛应用，将对金融市场发展和金融市场结构的变迁也具有深刻的决定性影响。金融市场结构的调整与优化不仅要考虑它们对金融市场结构变化的影响，还要主动利用信息技术来促进金融市场结构向着合理化、高级化和梯度化的方向发展。

第二节 制约中国金融市场结构优化的内生性因素

中国金融市场结构的变迁将遵循一定的内在规律，是客观的不以人的意志为转移的。但是，人们是可以通过认识和把握这一规律，实现金融市场结构的完善与优化目标的。而这些目标能否顺利实现，则会受到多方面因素的制约。目前，制约中国金融市场结构完善与优化的内生性因素主要包括：经济增长方式、金融市场参与主体的理性化程度、金融市场交易效率的高低以及市场基础设施的完善程度等。

一、经济增长方式

经济增长方式是指推动经济增长的各种生产要素投入及其组合的方式。加快转变经济增长方式，是推动经济发展和人口、资源、环境相协调，实现中国经济可持续发展的必然选择。从中国经济社会发展的实际情况看，经济增长方式粗放表现在主要通过扩大投资规模、过多依靠各种资源的大量消耗实现经济的快速增长，由此导致了效率不高、效益相对低下和环境压力明显加大，以及发展本身的不可持续性。

加快转变经济增长方式，必须从生产要素配置、科技进步和劳动者素质等基础环节入手，加大治本的力度。第一，加快科技进步，提高科技进步对经济增长的贡献率。科技进步可以改进产品、工程的设计，更新机器、设备，降低能耗，提高资源利用率，节约生产要素的投入和使用；还能提高产品质量，提高效益，从而实现经济增长的低投入、低消耗、高产出、高效益。第二，提高劳动者素质，大力发展教育事业。提高劳动者素质是实现经济增长方式转变的重要途径，而要提高劳动者素质，就必须大力发展教育事业。教育投资是人力资本形成和积累的主要途径。世界银行的研究显示，劳动者受教育的平均时间每增加 1 年，GDP 就会增加 9%。第三，完善竞争性市场体系。实现集约型经济增长的微观基础是有效的市场竞争。只有完善竞争性市场体系，才能充分发挥市场竞争在优化资源配置和有效利用资源方面的基本功能，有效促进经济增长方式的转变。对此，胡锦涛总书记曾明确指出，贯彻落实科学发展观，加快转变经济增长方式，必须着力推进经济结构的战略性调整、积极促进产业结构优化升级，必须紧紧抓住科技进步和创新这个关键环节、不断增强自主创新能力，必须毫不动摇地坚持改革方向、努力为发展创造良好的体制环境，推动经济社会发展切实转入以人为本、全面协调可持续发展的轨道。从世界范围来看，由单一的货币资本发展经济的传统增长方式，转化为货币资本和知识资本相结合的增长方式，再转化为“消费资本导向、知识资本创新、货币资本推动”的三种资本融合、三种资本联动的新型增长方式，是全世界各市场经济国家经济发展实践所必然遵循的趋势，也是一条非常重要的经济发展规律。

从根本上说，一国经济增长方式决定了一国金融发展的模式，而一国金融发展模式决定了一国金融结构和金融市场结构，有什么样的经济增长方式就有什么样金融市场结构与之相对应。而调整与优化金融市场结构则是转变经济增长方式的根本要求。目前，中国经济增长方式仍属于要素投入型增长，经济增长长期过度依赖投资和出口，储蓄率和投资率偏高，消费率偏低。这种高消耗、高投资的粗放型经济增长模式，一方面，使得能源、资源供给“瓶颈”依然突出，与以提高增长质量为重点的经济增长方式相比，更易导致经济剧烈波动；另一方面，使得经济的增长过分依赖贷款的投放，如果经济环境发生变化、产业结构进行调整、出口环境恶化、房地产业等行业出现过热，可能会影响实体经济的盈利和可持续发展的能力，最终导致金融机构不良资产增加，威胁金融机构和金融市场的稳健运行。可见，中国经济增长方式的转变必然成为中国金融市场结构调整与优化的内在制约因素。

二、金融市场参与主体的理性化程度

在金融市场交易中，各个参与主体的理性化主要体现在他们对利润最大化的追求上，各种投资与融资活动都是以获取收益为目的，投融资双方都将选择各种有利于降低成本、增加收益的投融资方式或渠道，充分利用各种金融业务、金融交易和金融工具，灵活调度和有效运用资金。因此，金融交易主体的理性化程度越高，对金融市场需求就越旺盛，相应的金融业务、金融交易、金融机构以及金融工具的种类就越多，投融资的方式与渠道也越多，金融市场结构层次就越高、梯度化就越明显，这样就越有利于金融市场结构的调整和优化。

随着金融市场的深入发展，各市场参与主体对金融产品、金融工具以及金融服务的现实需求呈现出多样化、多层次、多梯度的特点，需要有相应的金融市场结构与之配合。这就提出了对现实金融市场结构进行调整与优化的强烈愿望。

首先，从居民家庭角度来看，随着经济发展水平的提高，居民收入水平也不断提高，他们对收益与风险的对等加深了理解，从而产生了更高的理财要求和更便利的投融资需求。例如，居民开始注意多元化投资和分散投资，开始关注对不同风险的资产进行有效管理，这对金融产品、金融工具以及投融资方式等提出多样化要求；他们开始关注金融机构的服务效率，强调个性化服务等，进而对金融服务和金融市场提出细分和精细化的要求等。这些需要都将会对金融市场提出更高的创新要求，从而引起金融市场结构的变化。

其次，从企业角度看，随着现代企业制度的逐步建立，它们对金融市场结构提出了更高的要求：一是需要一个发达完善资本市场加以支持和保证。通过资本市场可以进行股票融资和债券融资，从而达到进行资产兼并或重组的目的。二是对融资方面的市场化要求。比如对流动资金和中长期资金获得的便利性、公平性和稳定性的要求，对直接融资途径的关注，以及对票据市场、企业债券市场以及场外交易的要求等。三是现代企业的法人治理结构问题也对金融市场结构提出了市场化的要求。市场化运作的商业银行和发达的资本市场可以对企业进行有效的监督管理，能够促进现代企业制度的规范建立。显然，这些方面都对中国金融市场结构提出了更加紧迫的调整和优化要求。

再次，从金融机构角度看，集中表现为对银行体系的改革需求上。中国目前的商业银行体系能否有效的发展直接制约着中国经济改革的顺利进行。但商业银行面临两个亟待解决的问题，即资本充足率问题和不良资产问题。这两个问题的根本解决需要对金融市场结构进行较大的调整，因为商业银行通过上市筹集一级资本、通过发行次级债券补充附属资本以及商业银行实现资产多元化与资产证券化等都离不开金融市场结构的调整和优化。

最后，从政府角度看，表现为政府筹资活动和调控活动的市场化要求。根据现行法律规定，政府筹资活动不能向银行透支，以避免超货币发行，因此通过金融市场筹集不同期限、不同用途的资金将成为政府融资的迫切要求。同时，政府对经济的调节也开始向“市场守夜人”的角色转换，而运用经济手段调节的载体是完善的货币市场。这两方面的要求需要进一步细分和完善政府债券市场，尤其是目前薄弱的短期国债市场和尚未建立的理财债券市场等。因而，这些都需要金融市场结构进行及时调整和优化。

可见，金融市场参与主体的理性化程度与金融市场结构的调整与优化息息相关。中国金融市场结构现存的许多问题都与参与主体的非理性行为有关。因此，调整和优化中国金融市场结构，必须对参与主体的非理性行为加以矫正，如国有银行的产权主体缺位问题，国有企业的法人治理结构问题等；同时，随着中国居民个人在金融市场结构中的作用日益重要，加强对于个人理性化投融资行为的培养也是优化中国金融市场结构的重要方面。

三、金融市场效率的高低

金融市场效率既是金融市场结构的合理化的最根本体现，也是制约金融市场结构合理化的根本因素。一方面，合理的金融市场结构有利于金融市场整体功能的发挥和金融效率的提高；另一方面，金融市场效率的高低也直接反映出金融市场结构的合理化程度。因此，金融市场效率是制约金融市场结构优化的关键因素。金融市场效率具体包括市场运营效率、市场交易效率、市场定价效率、资金配置效率以及竞争效率与信息集散效率等。衡量金融市场效率高低的标准，就是看其能否将资金配置到回报率最高的产业部门和企业，促进实体经济的快速发展。其中，金融市场的交易效率状况具有重要的意义。所以，这里主要选择对金融市场交易效率进行分析。

在金融市场中，资金供求双方及各种中介组织之间的交易都是一种关系性交易。当事人之间利益矛盾的调节是通过包括价格机制在内的广泛的关系性契约网络来完成的。[①] 这种关系性契约扮演着治理机制的角色。具体地说，金融市场通过金融契约来治理金融交易，金融交易的未来性、不确定性、权利界定的不完全性等特征决定了它的治理结构只能是关系性的，而非个别性的。关系性契约是一种不完全契约，其中权利结构的不同形式决定着金融资源的配置效率。在关系性契约运行过程中，契约的执行问题起到了核心作用，不同的执行制度代表了不同环境下的契约成本和效率。金融交易不仅涉及交易当事人之间的权利安排，而且还涉及组织交易的第三方（中介机构和政府

① 周业安：《金融市场的制度与结构》，中国人民大学出版社 2005 年版，第 76 页。

等）的权利安排。这些不同的权利安排的组合便形成了具体的治理机制。根据交易频率及资产专用性强度，可把关系契约的治理机制分为三类：①三边治理。资产专用性总是伴随着机会主义行为，但由于交易是偶然发生的，当事人不愿为此建立排他性关系，因而主要寻求第三方帮助，以仲裁合同执行过程中的纠纷。②双边治理。与三边治理不同，交易的重复发生容易产生有效的声誉机制，因为一方面，债权人可以通过观察一个企业的违约历史来筛选债务人；另一方面，债务人也渴望得到债权人持续的贷款支持，以维护项目经营的连续性，所以这两方面都强化了声誉对当事人的约束力。对于专用性较强的资产来说，交易关系越持久，就越会产生规模报酬递增效应，这是当事人合作的条件。因而，当事人维持一个排他性的长期的关系是可能的，也是有效的。不过，声誉机制有它的局限性，债权人的信息沉没成本和贷款规模也可能成为债务人“敲竹杠”的条件，比如一个财务亏空企业有可能以违约相威胁，要求债权人增加贷款。于是，当资产专用性非常高时，就需要一体化了。③一体化治理。即银行控股生产企业，或者反过来生产企业控股银行部门。由于金融领域与生产领域的专业知识差距太远，因而一体化仍然无法解决企业的违约问题。所以在信贷市场上，金融部门对企业的一体化或反向的一体化是不多见的。至于人们选择哪种治理机制，则取决于对交易费用的权衡。这里的交易费用一般包括两类：一类是可见的，契约谈判前或签订过程中所发生的费用，如交易对象的搜寻费用、产权界定费用、项目评估费用以及谈判和签约费用等；另一类是不可见的，契约执行过程中才会发生的费用，主要有第三方仲裁费用、审计费用、申诉费用以及再谈判费用等。

从上述分析可以看出，信贷市场上针对不同的金融交易，通过对交易成本的权衡，一般形成两种常见的治理机制，即“三边治理”和“双边治理”，前者是基础，后者是主体。通常情况下，信贷市场上典型的关系契约治理结构是三边治理机制和双边治理机制的结合体。由于作为主体的双边治理机制存在着预算软约束、“敲竹杠”、共谋等问题，导致了信贷市场的局限性，无法覆盖整个金融市场。但是，如果信贷市场是有边界的，就会和企业规模的无限扩张相矛盾，从而阻碍经济的快速发展。要解开这一矛盾，必须引入信贷市场的替代物，这种替代物不仅要具备信贷市场的全部功能，而且还要克服双边治理的种种不足，这种替代物就是资本市场。由于资本市场和信贷市场功能类似，但各有优缺点，彼此的比较优势就容易形成一种替代和互补。对于一个国家的金融市场来说，这两个市场都会存在一个均衡的边界，从而构成了一国均衡的金融市场结构。这说明，金融交易的机制或效率直接决定着一国金融市场的均衡结构，这种结构总是随着金融交易效率的变化而变动。

四、金融市场基础设施的完善程度

金融市场基础设施是指保证金融市场正常运行的基础性制度、中介服务体系、法规框架、税收待遇以及会计审核标准等。它是金融市场有效价格机制形成的基础，是市场交易主体公平公正交易的平台及市场主体在交易过程中财富不被掠夺的保护机制。

中国金融改革的初始条件同其他发展中国家有许多相似之处，同时中国又处于计划经济向社会主义市场经济体制的转轨过程中，这就决定了中国金融改革是涉及社会、经济多方面的系统工程。同时，中国金融改革的系统性、复杂性特点，决定了在金融改革中要统筹兼顾、瞻前顾后、突出重点、相互促进。中国金融体系是在计划经济体制下，在单一银行体制的基础上发展起来的，金融市场的发展很不平衡，通过银行的间接融资占金融融资的90%以上，通过金融市场的直接融资不到10%，这种融资比例既不利于发挥金融市场在金融资源配置中的作用，同时又使风险过度集中于银行，使中国的银行长期在高风险环境中运行，使中国的金融体系缺乏弹性，不利于金融安全和经济安全。

中国金融市场建立十几年来，在法律、法规以及各方面的基本性制度建设上，借鉴成熟市场的经验，取得了长足的进步，同时在市场的不断发展中也不断显露出基本制度建设的不足。主要面临着法制建设和执法环境不配套、市场主体运作不规范、市场结构仍需要完善，以及监管工作有待进一步加强和改善等方面的挑战。金融市场改革发展的形势是机遇与挑战并存，而把握机遇关键在于夯实基础。近几年来，影响金融市场发展的一些关键因素正在发生积极变化：投资产品在丰富，上市公司结构在改善，投资者结构在优化，合规资金入市渠道在拓宽，市场秩序在规范，投资者权益保护在加强。市场基础建设所取得的这些成绩，为市场功能的进一步发挥打下了坚实的基础。应在金融改革中大力发展和完善中国金融市场，促进金融市场的均衡发展。同时，要通过贯彻科学发展观，扎实加强市场基础性制度建设，解决市场的深层次矛盾和结构性问题，形成市场稳定运行的内在基础，不断完善市场功能，推动金融市场健康发展。

现有的金融市场基础性制度存在以下缺陷：首先，国内金融市场最深层次的问题就在于计划性与垄断性。金融市场的计划性不仅表现在其制度安排上，而且表现在国家对金融市场价格的控制机制上。金融市场的计划性必然会导致对市场资源的垄断性，而垄断性不仅会弱化市场的运作机制，也会使得投资者财富随时可能被他人掠夺。其次，金融市场尤其是金融市场初始权利的界定存在不公平。这种初始权利的不公平，使得证券市场产生了庞大的既得利益集团。这些既得利益集团不仅可以把证券市场当作他们谋取暴利、保护他们利益的工具，而且也会以掠夺来的资源，进一步加剧权利界定的不平等。最后，国内资本改革的法源依据不明确。近些年，出台的国内金融法律法规数量并不少，但有些法律在法源与形成程序上存在漏洞，不是偏向某一部门，就是偏向某一既得利益集团，有些法律、法规甚至只是为某些少数利益而设。在这种情况下，一些金融法规不仅漏洞百出，而且执行起来十分困难，更谈不上公平与公正。因此，不断加强市场基本性制度建设，乃是金融市场结构调整和优化的有力保证。

第三节　制约中国金融市场结构优化的外生性因素

在制约中国金融市场结构完善与优化的诸多因素中，除了上述的内生性因素之外，还有一些外生性因素，具体包括：金融制度（含政策法规、信用体系、契约产权、信息及习惯等）及其创新、金融改革与开放、市场参与主体的文化习俗与偏好、科技吸收能力以及金融生态环境等。

一、金融制度及其创新力

金融制度创新是金融创新的核心，金融制度创新对金融市场结构的影响最深刻、最广泛和最持久。从历史的角度看，货币制度的变迁是货币结构变化的主要原因；信用制度的形成与完善可以解释金融机构结构、金融工具结构以及融资结构演进的原因；新式银行制度的建立与发展，则是导致金融产业结构形成与变化的重要因素。

从现实的角度分析，不同的制度安排对一国的金融市场结构具有决定性的作用：①经济和金融体制安排。计划经济金融体制与市场经济金融体制下的金融市场结构显然是不同的。在计划经济的金融体制下，金融机构高度统一、融资方式简单、金融要素单一，所以不存在真正意义上的金融市场，当然也就没有金融市场的结构问题。而在市场经济的金融体制下，各种金融要素，如金融机构、金融工具、金融业务以及交易方式等都是多元化的，金融市场比较发达，因而相应地金融市场结构也是相对复杂的。②金融监管体制的安排。监管体制一般分为分业经营与监管和混业经营与监管两种。对于实行不同监管体制的国家和同一国家的不同时期来说，其金融市场结构的形成将是不同的。一般来说，在分业经营和分业监管的体制下，由于金融机构、金融业务、金融工具以及市场参与主体的细分，会使金融市场结构更为细密复杂；随着监管体制由分业经营分业监管逐步向混业经营、混业监管方式的转变，其金融机构、金融业务、金融工具以及市场参与主体必将发生相应的变化，在此情况下金融市场结构自然也发生了巨大的变化。③金融制度的内容安排。从广义的内容方面看，金融制度不仅包括政策法规，而且还包括信用体系、契约产权、信息以及文化习惯等。金融制度内容的安排将会直接影响金融市场结构调整与优化的全面性。一般来说，金融制度的内容越丰富，对于金融市场结构的合理性调整就越有利；反之，如果金融制度内容方面存在某些漏洞，就会造成金融市场结构的先天性缺陷。④金融制度的创新安排。金融制度的创新对于金融市场结构的影响是巨大的。一是金融市场制度和机制的创新可以大幅度地提高金融市场效率和金融市场化程度。特别是金融市场的创新可以大大提高金融资产的价格发现功能，促进金融资产定价有效性的提高，从而对金融市场的健康发展和金融资源的合理配置产生积极的影响。在此基础上，金融市场结构的优化和升级才有现实的可能。二是金融市场组织的创新，可以改善金融市场的竞争结构，促进金融市场的有效竞争。三是金融市场要素的创新，可以极大地丰富金融机构、金融资产、金融工具以及交易组织方式的内容。从而使金融市场结构中的主体结构、数量结构、资产结构、工具结构以及交易方式结构等得到极大的改善与优化。

可见，金融制度及其创新对于金融市场结构调整与优化具有重要的影响，它是金融市场结构优化的主要推动力。

二、金融改革与开放进程

金融改革是指对一切不合适的金融规则所进行的调整和改变。金融改革不仅是发展中国家的行为，也是成熟市场经济国家的一个普遍趋势。金融改革的内涵一般包括三个层次：①消除金融抑制；②优化金融结构；③实现金融发展。金融改革的目的在于消除金融抑制，提高金融对资源配置的效率，增强金融体系的整体功能，在开放中更好利用国际金融市场的优势。金融改革的过程是一个与金融深化密切联系，逐步实现金融发展和金融结构优化的过程。

金融深化理论是由两位著名的经济学家麦金农（Mckinnon，1973）和肖（Shaw，1973）提出的，该理论认为，发展中国家普遍存在着金融抑制现象，而各种金融抑制政策和体制制约了这些国家的经济增长，因而提出了促进金融深化的政策主张。所谓金融抑制是指中央银行或货币当局对各种金融机构的市场准入、市场经营流程和市场退出按照法律和货币政策实施严格管理，通过行政手段严格控制各金融机构设置及其资金运营的方式、方向、结构及空间布局。金融抑制造成的问题主要表现在：一是金融抑制扭曲了金融资源的价格，造成虚假供求关系。其主要表现是实际利率被压得过低，不能真实反映资金稀缺程度和供求状况；另外，政府对公营部门强制性低息信贷和外汇市场的外汇管制等。二是金融抑制导致金融市场发育不健全，降低市场对金融资源的配置效率。金融抑制是以人为的力量替代市场对金融资源的有效配置，降低了银行等金融机构效率甚至整个金融市场效率。三是金融抑制导致市场分割和金融体系的“二元结构”。包括政府政策倾斜的国有银行及国有金融机构与传统的、落后的、小规模的非正式金融组织，如地下钱庄、地下金融机构的“二元”资金流动。一方是有组织的国有金融机构遵循政府制定的低贷利率，将资金贷给公营部门及少数大企业；另一方是大量小企业及个人被排斥在有组织的金融市场之外，只能以较高的利率从非正式的金融机构获得所需要的贷款。金融深化理论就是针对当时发展中国家实行的金融抑制政策，提出以金融自由化为目标，放松或解除不必要的金融管制，开放金融市场、实现金融市场经营主体多元化以及利率市场化，使利率真实反映市场上资金的供求变化，从而有效解决资本的合理配置问题。

中国作为发展中的经济大国，金融深化理论对于中国金融改革与发展无疑具有重要的理论意义和现实意义。中国的经济金融改革与开放实践乃是金融深化理论在中国的具体运用，是与金融深化紧密联系的。事实证明，中国的金融体制与经济发展之间也存在着一种相互促进和相互制约的关系。具体地说，中国金融深化进程的主要指标有：

①货币化程度。金融深化和货币化速度在一定意义上是相辅相成的，尤其在金融深化初期。随着金融深化的逐步深入，货币化程度必然得到提高，同时货币化程度的提高又为金融深化和金融市场发展创造了条件。货币化程度的指标是货币化比率（M_2/GDP），它反映了经济活动货币化的程度，尤其反映了通过银行系统创造货币的相对规模。改革开放以来，中国的货币化程度一直是上升的趋势，从 1995 年的 105%，达到 2003 年的 188.89%。[①] 单从这个指标看，只要指标达到 100%，就可以说一国的货币化过程已经完成。②金融相关率。即金融资产与国内生产总值之比（金融资产总额/GDP），它体现了金融业在经济中的地位，反映了利用各种金融工具来引导现实经济活动的水平。中国的金融相关率 1978 年仅有 84.1%，到 2002 年已经达到 350%，而美国 1998 年的金融相关率为 326%。虽然中国与美国在金融资产的结构与质量上有很大的不同，但单从指标上看，中国金融深化已经达到一定的水平。当然，同样反映金融深化重要内容的金融资产多样化指标，中国有了很大的进步，但远远不够。自 1990 年以来，随着融资方式的改变，中国金融资产由单一的银行资产向证券等多元化的方向发展，非银行金融机构提供的其他各种类型的金融资产比重相对上升，同时银行贷款形式的金融资产比重相对下降。但是，金融资产的结构与金融深化的要求差距很大。③证券化比率（即股票市值+债券市值/GDP）和直接融资比率（即直接融资总额/融资总额）。这两个指标主要反映一国通过金融市场进行融资的状况。一般说来，这两个比率越高，说明在金融市场中通过证券化融资和直接融资的程度越高，金融市场也就越发达，金融市场结构的层次也就越高。④金融机构数量和结构。1984 年中国人民银行成为中央银行之后，新的金融机构不断涌现，银行与非银行金融机构的数量都有了大幅度的增加。可见，金融深化的过程就是经济金融改革开放的过程，就是金融市场得以发展的过程，也是金融市场结构得以调整和优化的过程。从某种意义上说，中国金融改革与开放的进程是中国金融市场发展和金

① 潘正彦：《中国金融产业经济学》，上海社会科学院出版社 2004 年版，第 95 页。

融市场结构优化的前提和基础。没有金融改革与开放，金融市场结构的调整与优化就会失去动力。

当今世界金融市场结构发生了全面而深刻的变化，出现了金融业务的多元化与混合化、金融机构的复合化与同质化、金融资产的多元化与证券化、金融工具的多样化与电子化、交易方式的多层次与虚拟化以及市场开放的多极化与一体化等变迁特点与趋势。这些变动趋势对中国金融市场结构的变化将产生极为深刻的影响，顺应世界金融市场结构变化的潮流是中国金融市场发展的必然要求。随着中国经济金融开放的不断深化，必然要求对存在金融市场结构缺陷的金融体制进行深化改革。只有及时调整和优化中国的金融市场结构，才能更好地适应和顺应世界金融市场结构发展和变化的趋势。

三、金融市场参与主体的文化、习俗与偏好

不同的社会文化、习俗与偏好，通过对人们经济行为和金融行为的作用而在金融市场结构的形成中具有重要的影响。例如倡导儒家文化传统、具有储蓄习惯且偏好安全性的日本人与韩国人，与崇尚个性、消费观念强且偏好冒险的美国人，对不同金融机构的信赖、对不同金融工具的选择、对不同投融资方式的偏好等都存在着不同程度的差异，这样在长期的历史进程中，逐渐形成了本国特有的金融市场结构。这也说明了为什么在同样发达的商品经济、资本化程度以及信用条件下，不同国家会形成不同金融市场结构的重要原因。[①]

中国长期以来处于计划经济的体制下，各市场参与主体在对金融产品、金融工具、金融交易方式以及金融服务形式的要求上缺乏能动性，习惯于被动接受或继承过去的做法，因而形成一定的路径依赖，比如居民偏好储蓄存款、企业偏好从银行贷款等，这些习惯做法虽然近些年有所改变，但仍然是决定金融服务种类和形式取向的主流。同时，作为金融产品、金融工具和金融服务的提供者，金融机构也在自

---

① 李健：《中国金融发展中的结构问题》，中国人民大学出版社 2004 年版，第 35 页。

身行为上存在习惯势力，忽视应有的创新。或者虽然提供一些不同类型产品和工具的创新，但由于这些创新产品没有真正从市场出发，没有真正从需求者偏好的角度出发，因而所推出的创新品种常常遭遇无人问津的尴尬境地。这种状况乃是导致中国金融市场结构不能得到及时转换和升级的重要原因。

另外，社会心理和历史文化背景对金融市场结构也有较大的影响。首先，中国的传统文化和民众的心理偏好相对保守，缺乏必要的冒险精神。以投资者心理而言，偏重稳定不愿冒险，偏重收益害怕损失，偏重短期行为不敢长期投资等，由此形成了金融市场需求中的趋同性，导致金融市场结构具有单一性的特点。其次，中国历史文化长期形成的勤俭持家、量入为出和无债一身轻的观点也对金融市场结构产生一定的影响。例如，对消费信贷、债券市场、衍生产品以及资产多样化的发展上带来了一些障碍，这从金融市场需求方面制约了金融市场供给的创新，对金融市场结构的多样化、分层化以及梯度化等都是很不利的。

可见，金融市场参与者的文化、习惯与偏好等对金融市场结构产生的影响也是不可轻视的。这需要市场参与者具有解放思想、转变观念，开阔视野、开拓进取，与时俱进、不断创新的勇气和精神。

四、金融市场的科技吸收能力

科技进步历来是促进经济结构变化进而推进经济发展的重要力量，金融市场也不例外。现代科技的日新月异变化及其在金融业的广泛应用，已经并将继续导致金融市场结构发生巨大的变化。自 20 世纪 80 年代中期以来，数学分析技术、电子工程技术、计算机网络技术、信息通信技术、数字技术以及现代管理技术的开发、应用与普及，带动了金融业的交易技术、融资技术、避险技术、分析技术和管理技术等的长足发展，并因此也改变了原有的金融结构和金融市场结构。其中，最为突出的是微电子技术及其计算机网络技术在金融市场中的广泛运用，改变了传统的金融市场结构，金融业务处理电子化、资金流转电子化、信息处理电子化以及交易电子化等方面的新进展，为多种新型金融工具、新型金融业务、新型金融交易方式以及新型金融管理模式的产生提供了基本的技术支撑。电子货币的出现及其电子支付系统的运作、各种衍生金融工具的产生与交易、网络电子银行的诞生与电子商务的普及、网络金融市场及其网络金融服务的出现，等等，正在和即将导致金融市场结构发生一系列巨大而深刻的变化。另外，科技进步将使世界范围内的信息传导速度加快，使各国金融市场之间的联系更加紧密，这为进一步提升和优化金融市场的开放结构也带来了机遇。

30 多年的改革开放实践证明，中国金融市场的改革与发展始终是与科技进步紧密联系在一起的。例如，网络银行的出现推动了网络货币市场和网络外汇市场的形成；网络技术与传统证券市场、保险市场以及期货市场的结合，产生了网络证券市场、网络保险市场和网络期货市场。同时，由于网络技术的应用，使金融市场突破时空的限制，形成了全球金融市场一体化和全球网络金融市场。目前，中国网络证券市场、网络货币市场和网络外汇市场已经有了较大发展，网络保险市场也已经开始起步。网络金融市场的出现弥补了传统金融市场的不足和缺陷，这为金融市场结构的高级化和梯度化发展无疑奠定了坚实基础。

可见，新技术在金融领域的广泛应用是金融市场结构高级化的本质反映。新技术不仅提高了金融市场的运行效率和金融机构之间的密切程度，而且也为金融机构拓展新型业务提供了技术支持，也为金融和投资信息的大范围快速传播提供了条件，使更多的机构、部门、企业和社会成员参与到金融市场的投资活动中，从而推动了各国金融市场间的竞争和一体化进程等。金融市场结构层次的提升与金融市场结构高级化演化的过程也就是金融市场对现代科学技术的不断吸收的过程。随着金融市场对现代科学技术的不断吸收，金融市场结构必将发生重大变化，并逐渐达到更高一级的高级化和梯度化。当然，中国目前金融市场结构的层次不高与金融技术创新和应用范围不广有很大关系。为此，需要加大投入，培养本专业人才，建立科学的转化机制，逐步提高金融市场对科学技术的吸收能力，不断提高现代金融市场的技术含量、信息含量和技术集约化程度，最终实现现代金融市场结构的高级化和梯度化。

五、金融生态状况

对于金融市场而言，金融生态是指影响金融市场运行的外部环境和基础条件，具体包括法律制度环境、公众风险意识、中介服务体系、市场信用体系以及行政管理体制等内容。良好的金融生态，对推动金融市场充分发挥资源配置功能、降低金融交易成本、促进经济健康发展具有重要的作用。近年来，中国金融市场发展迅速、进步明显，这和中国始终重视培育和改善金融生态是密不可分的。但是，与发达国家的金融市场相比，中国金融市场还存在着诸多问题，主要包括：一是金融市场发展仍然相对滞后，具体表现为中国融资结构中间接融资仍然占有绝对比重，而股票、债券等直接融资的规模所占比重较小；二是金融市场发展的广度和深度不够，具体表现为债券市场信用层次较少，国债、政策性金融债券等政府债券和准政府债券发展较快、所占比重较大，而公司债券和企业债券发展相对缓慢、所占比重较小；三是金融市场中的各个子市场之间发展不均衡，具体表现为金融衍生市场发展滞后，如股指期货市场、人民币远期市场等仍然没有及时推出等，大大影响了金融市场避险功能的发挥。

从上述问题中可以看出，金融生态对金融市场发展的影响大部分是与金融市场结构有关的。实践证明，金融生态的好坏不仅对于金融市场发展而且对于完善和优化金融市场结构同样具有重要的影响作用。主要表现为：①当作为金融生态微观基础的公司、企业和投资者不成熟时，就必然造成市场参与主体的专业化程度不够、自我约束机制薄弱以及创新意识和风险意识缺乏等，这将导致金融市场的主体结构不合理。②当作为金融生态重要组成部分的法律制度不健全时，就必然导致市场投机盛行、“暗箱操作”以及操纵市场等不法行为的滋生，从而造成金融市场交易行为结构的扭曲等。③当作为金融生态重要组成部分的市场基础性制度建设不完善时，就必然导致金融交易中债权人的合法权益不能得到充分保护、信用评级不客观、不真实以及信息披露不及时不准确等，从而造成金融市场交易效率结构的不合理等。另外，基础性设施建设的不完善还会导致金融市场的创新力减弱，这将会导致金融市场的各类创新结构不合理，如工具结构、资产结构、业务结构、机构结构、交易结构、制度结构以及监管结构的不合理等。

可见，改善金融生态不仅是促进金融市场健康发展的必要条件，也是推动中国金融市场结构调整与优化的不可或缺的前提条件，金融生态的不断改善与金融市场结构优化的可持续推动息息相关。

第七章　中国金融市场结构优化：路径选择和战略构建

第一节　中国金融市场结构优化的路径选择

一、中国金融市场结构的非均衡状况分析

改革开放30多年来，中国的金融市场发生了显著的变化，金融市场体系已经初步建立，市场参与主体日益多元化，跨市场的金融创新产品不断推出，大大加快了中国金融市场深度融合的步伐。然而，由于中国是一个由计划经济向市场经济转轨的发展中国家，当前中国的金融市场的供求结构整体上具有非均衡性特征。

1. 从微观角度分析，其非均衡特征主要有以下几个方面：

（1）从融资结构变迁来看，中国金融市场结构呈现“三主导型”的非均衡特征。这种“三主导型”，即银行主导型、政府信用主导型和长期主导型。一国的金融市场结构实际上由企业的融资结构决定。如果企业主要采用债权融资，那么金融市场必然以企业债券市场和银行贷款市场为主导，而如果企业更多地选择股权资本，则金融市场就会以股票市场为主。从近几年国内金融市场整体融资结构变迁来看，中国金融市场的融资结构呈现出以银行信贷为主的特征，融资比重高达80%以上且在逐年上升；从证券市场中的债券融资结构变迁来看，

中国的债券市场明显存在政府信用主导特征。政府债券以及准政府债券发展较快、比重过高，政府支配了过多的资源，而企业债券市场发展明显滞后。从融资期限结构变迁来看，中国金融市场融资结构呈现“长期主导型”特征。近年来，中国金融市场融资期限结构逐年呈现长期化趋势，长期融资所占比重由48.8%上升到63.2%，而发达国家金融市场主要以短期融资为主。

（2）从市场种类结构变迁来看，中国金融市场结构呈现“七重七轻”的非均衡格局。“七重七轻”即重资本市场轻货币市场，货币市场中重债券回购市场而轻票据市场，资本市场中重股票市场而轻债券市场，股票市场中重流通市场而轻发行市场，流通市场中重场内市场而轻场外市场，债券市场中重国债市场轻企业和地方政府债券市场、重长期债券市场轻短期债券市场。

（3）从市场交易对象结构变迁来看呈现“三少三小”的非均衡特点。“三少三小”即票据市场品种少、债券市场品种少、股票市场品种少以及企业债券在债券市场上占比小、商业票据在金融市场上占比小、流通股本占总股本的比重小。具体来看：一是票据市场品种少。目前中国只有交易性票据，没有融资性票据，而交易性票据中主要以银行承兑汇票为主。二是短期债券品种少。企业短期债券自1998年停发后目前刚开始重新发行且量非常小，大额可转让存单自2000年以后就开始消失。当前货币市场品种少使企业难以利用货币市场进行短期融资。三是股票市场品种少。没有证券期货期权及其他金融衍生品市场，使得市场投资产品单一，缺乏规避风险的有效手段。与“三少”相对应的是“三小”，即企业债券在债券市场上占比小、商业票据在金融市场上占比小、流通股本占总股本的比重小。

（4）从市场参与主体来看呈现“四多四少”的非均衡局面。“四多四少”即货币市场上金融机构参与多，工商企业特别是民营和中小企业参与少；股票市场上个人投资者参与多，机构投资者参与少；上市公司中国有企业多，民营企业少；上市公司中绩差公司多，优质公司少。长期以来，银行类金融机构是中国货币市场的绝对主体，政府和各种非银行类金融机构的参与程度在逐年上升，但对资金需求最大的工商企业特别是民营和中小企业目前难以成为货币市场的主体，无法有效利用货币市场融通资金。现阶段股票市场上参与主体也存在着以下问题：一是个人投资者参与多，机构投资者参与少；二是上市公司中国有企业多、民营企业少，股权多元化的格局没有形成；三是上市公司中绩差公司多、优质公司较少等。

2. 从宏观角度分析，其非均衡的特征主要有以下几个方面：

（1）从经济增长的结构来看当前中国金融市场的结构。金融市场发展不仅体现在金融市场规模的增长，更重要的是金融市场结构的优化，与之相适应，经济发展也不是一般的经济增长，更是结构的优化。这种结构优化效应在很大程度上正是通过金融市场机制的传导来实现的。金融市场机制在联系资金的供求、联系储蓄与投资的同时，也沟通了金融发展与经济发展之间的有机联系。因此，从经济增长的结构是否优化可以作为判断金融市场结构是否合理的依据之一。一方面，中国经济结构中消费和投资的长期失衡，主要表现在投资率持续走高，消费率不断下降。从 1994 年以来投资率一直保持在 35%以上，2004 年高达 52%。中国为什么出现投资和消费的失衡呢？主要原因是中国的融资结构“三主导型”特征所造成的。因为“三主导型”金融市场的资金大量流向银行贷款特别是长期贷款和国债，而长期贷款和国债资金主要是支持投资项目的，这就导致了中国经济结构中消费和投资的长期失衡。另一方面，资金的流向结构不利于增加就业，导致失业率进一步上升。据统计，2000 年以来全国新增信贷中的大约 2/3 贷给了国有企业。而自 1995 年以来中国国有企业部门的劳动力增长率一直是负值。特别是在本轮的经济增长中，中国所有的资源包括银行系统、中央和地方财政系统的资源还不断集中向国有企业注资，即大量的资金流向了一个总体上没有就业增长的部门，而大量吸收就业的民营中小企业却面临融资困境。

（2）从金融稳定性来看当前中国金融市场的结构。首先，中国间接融资比例较高，增加了银行贷款风险。发达国家直接融资和间接融资的比例一般水平为 4∶6，而中国 2004 年为 1.7∶8.3，而且间接融资具有继续上升的趋势。一方面，商业银行的资金来源以短期资金为主，会蕴藏着潜在的短存长贷引发的流动性风险和经营风险。另一方面，中国企业外援融资比例较高，并主要依赖银行贷款，这种单一的融资结构会导致经济结构调整的成本由银行和政府承担，造成银行不良信贷资产的大量增加和各级政府财政负担的不断加重，孕育着非常大的金融风险。同时，企业融资过度依赖银行贷款，银行不仅因资本重组率过低难以支撑信贷的超量扩张，而且大量中长期贷款实际变相成为企业资本金，增大了银行系统的贷款风险。其次，衡量金融体系金融风险的另外一个常用指标是 M_2/GDP。一般而言，当金融市场发展到一定程度后，M_2/GDP 比率就会下降，直接融资的比率会相对上升，而中国的情况却恰恰相反。2004 年底中国的 M_2/GDP 比率为 1.85，已经位居世界第一。从国际金融监管的经验看，这一指标过高，往往蕴藏着较为严重的金融不稳定因素。这一指标的持续上升表明中国的经济增长具有明显的信贷推动特征，而且信贷资产的运用效率趋于下降。同时，因为直接融资发展滞后，使得现有的间接融资中，大中型企业和中长期基建项目贷款比重高，贷款集中度高容易形成不良资产，不利于金融风险防范。最后，在直接融资中，债券市场发展缓慢，债券市值不足股票市值的 30%，债券品种结构不合理，国家财政债券比重高，企业债券比重低，市政建设债券几乎空白。企业债券在行政审批制度下又集中于少数大型企业，中型企业难以发债筹资，于是体制外融资方式层出不穷，非法集资问题严重，造成金融秩序的混乱。

(3) 从资金的配置效率来看当前中国金融市场的结构。在银行主导型、政府信用主导型和长期主导型的金融市场体系中，金融资源的垄断性不仅会导致政府对市场干预过多、过深也会使得市场的运作机制弱化。突出表现为：①缺乏合理的投融资渠道，导致资金配置效率低下。这就造成一方面是目前中国超过 13 万亿的居民储蓄存款缺乏直接投资渠道，投资者无法根据不同风险偏好自由选择投资对象；另一方面，企业难以根据市场资金与产品供求变化，选择有利融资策略降低融资成本，并及时调整生产规模与结构。②当前资金向国有企业集中的现象，导致资金配置效率低下。近年来，大量资金通过银行贷款、债转股、技改贴息以及上市等多种方式和渠道流向经济效益低下的国有企业。而高科技、高效率的中小民营企业资金却严重供给不足，最终导致了资金的配置效率低下。③资金在金融市场上不能自由流动，货币市场、资本市场、保险市场是三个分割的市场，资金不畅通、价格不统一。

从上述分析可以看出，目前中国金融市场的供求结构是失衡的，还需要采取相应的措施进行调节和优化。

二、中国金融市场供求结构失衡的调节与优化

针对上述中国金融市场供求结构失衡的状况，需要从以下几个方面对其进行调节与优化。

1. 通过金融制度创新优化金融市场结构。按经济学原理和经济发展规律，市场是制度安排的基础和孵化器，有什么样的市场构造和市场文化，需要什么样的制度设计、监管布局和制度安排，成熟的市场经济国家大都遵循市场结构和状况来配置制度资源，因而制度设计和制度安排与市场预期带有很强的正相关联，从而制度资源也能够对市场预期产生激励共容效益，市场内生的责任约束机制、市场与社会的纠错预警和识别机制、市场基础建设和服务机制及资信、信用的规范、配置机制，都能够有效地规避经济发展中的不确定风险。因此，制度创新的最基本任务是为市场机制发挥作用创造公允的环境，在尊重市场价值规律的前提下，孵化并培育市场向更高阶层发展，而不是制度设计一个高层次的制度环境，让市场跟着这一体系运转。因为市场需要一个吸收的时间和机会，制度搭建的平台，最终需要市场的配套体系的完善和润色，而这脱离不了市场认知的时间过程，因而制度移植需要支付市场的跨越成本。

2. 通过金融产品创新优化市场结构。一方面，运用金融工程技术发展场外交易。鉴于中国目前金融创新经验不足，中国衍生市场的发展首先要从运用金融工程的系统分析方法创新金融工具，发展场外交易开始。另一方面，适时推出金融衍生产品，开发场内交易。金融衍

生产品种类繁多，不同的衍生产品所需要的发展基础和条件不尽相同，也不可能同时具备和成熟。因此，发展金融衍生产品交易应科学地安排顺序，时机成熟的先行推出。在中国信贷资产证券化、远期、期货、互换、期权五种最基础的交易中，应当先发展信贷资产证券化。另外，中国近年商品期货市场经过规范正日趋成熟，期货交易方式为越来越多的人所了解和掌握，加之衍生金融交易的试点都采用了期货交易，因此可以把国债期货和股指期货作为先期发展的重点。随着利率市场化步伐的加快，国债规模的扩大，应尽快恢复国债期货交易。发展股指期货可以让投资者运用对冲手段，以降低股市风险，刺激股票交易。

3. 通过金融主体创新优化市场结构。首先，优先培育包括存贷款市场、商业票据市场、同业拆借市场、回购市场、银行承兑汇票市场、定期存单转让市场、短期债券市场和货币市场共同基金等内容的货币市场；加快培育资本市场，优化结构，在稳步发展股票市场的同时，尤需大力培育债券市场；积极发展外汇交易市场；在上述原生工具市场的发展和壮大的基础上，积极探索和发展利率、汇率和股指等金融衍生市场。在发展场内交易的同时，还要积极发展场外交易市场。其次，对国有独资商业银行进行综合改革，有条件的国有独资商业银行可以改组为国家控股的股份制商业银行，实现银行产权主体的多元化，真正建立银行追求利润最大化的内在机制。再次，大力支持和发展中小金融机构，稳步推进民营金融机构的发展，规范和完善民间信用。最后，积极发展证券、保险、基金管理公司等非银行金融机构，鼓励证券公司兼并和资产重组，形成中国的投资银行业。

三、中国金融市场结构调节与优化的路径选择

经济发展水平的提高会增加对金融市场服务的需求，所以，金融市场发展水平必须和经济发展水平相适应。经济发展水平提高了，如果金融市场发展水平过低，就会限制经济的进一步正常发展，此时，提高金融市场发展水平就可以促进经济发展。反之，当经济发展水平

低时，过高的金融市场发展水平也是不可支撑的。而金融市场结构则是金融市场发展的综合体现，金融市场发展的变化必然反映为金融市场结构的变化，因此，中国金融市场结构调节和优化也必须及时满足国民经济发展的客观需要，既不能超前也不能滞后。在此情况下，中国金融市场结构优化的路径选择应从以下两个角度综合考虑：

1. 从纵向的角度看，可分为近期路径、中期路径和远期路径。

（1）近期路径。近期 1~5 年，应选择以“政府引导”为主的路径。所谓“政府引导”，其含义是指先由政府通过制度安排加以推进，即政府提供市场变迁方案，并具体实施和控制市场改革与变迁的进程。例如中国资本市场的发展模式，在很大程度上决定于中国特定的金融制度环境和居民金融投资习惯。中国居民的消费倾向低，储蓄率高，金融投资能力差，这就决定着银行存款是老百姓的基本选择。我们需要大力发展直接投资，但是中国居民的金融投资习惯决定着在很长历史时期内，我们只能以间接融资为主、直接融资为辅。硬要改变这种居民的习惯，以直接融资为主是缺乏社会基础的。中国的社会储蓄率高，资金比较富裕，实业投资平均回报率低，这就决定着中国金融投资的平均收益率不应该太高。另外，中国资本市场的发展主要是服务于国有企业改革，中国上市公司中 80%左右是国有企业，今后上市的大型企业中也主要以国有企业为主。这决定着国有资产管理体制和国有企业的改革进程，将影响着资本市场的发展进程，这是由中国资本市场发展的基本环境决定的。中国资本市场的制度特色是由这样的经济基础决定的。当然，正因为上市公司的主体是国有企业，就需要进行改革，进行特殊的制度设计，发挥好优势，规避制度上的缺陷，这才是重要的。

（2）中期路径。中期 5~10 年内，应选择“政府引导”与“市场跟进”相结合的路径。随着中国经济的持续快速发展和金融市场改革开放的进一步深化，中国金融市场发展进入一个变动较快时期，原先的“政府引导”变迁模式所带来的问题就越来越突出，主要是变迁机制设计可能会与现实情况脱节、存在政府的“隐性担保”等问题。因此，这时金融市场结构的调整和优化路径应选择“政府引导”和“市场跟进”相结合的路径，即政府首先加以引导，通过舆论宣传、培训、辅导以及窗口指导等手段进行提示，诱发市场微观经济主体的市场结构优化的动机；然后是市场跟进阶段，市场的微观经济主体从政府的诱导中得到信号，于是明确了市场结构优化的方向，并产生了市场结构优化的动机，通过学习、试验、内部试行、酝酿准备等手段来积累结构优化因素，为市场结构的优化准备条件；最后，政府待各种条件比较成熟后，再推行市场结构优化方案的实施，主要手段有制定规则、推出方案、进行试点等。这种结构优化的成本比较低，有利于更加有效地调整和优化中国的金融市场结构。

（3）长期路径。长期 10 年以后，随着金融市场规模和结构的不断增加和改善，金融效率不断提高，金融市场整体功能得到一定发挥，金融市场核心竞争力不断增强。在此基础上，可选择以“市场引导”为主的优化路径，即主要由市场微观主体根据国民经济的发展需要，激发调整与优化金融市场结构的动机，并主动地采取一系列措施对金融市场结构进行调整和优化。这时，政府的职责就是当好“守夜人”，为金融市场结构的调整与优化营造适宜的金融环境。

2. 从横向的角度看，可根据各种市场结构的性质、特点及状况来选择。

从横向的角度看，各种各样的金融市场结构所处阶段并不完全一样，即使同一个金融市场其内部的要素结构、功能结构、层次结构等所处的阶段也不完全一样。如果简单地选择某一个优化路径，就可能失去针对意义。在这种情况下，可根据金融市场的发展水平高低、金融市场结构的阶段以及金融市场内部要素结构的具体层次来选择优化的路径可能会更好一些。另外，在前面分析过金融市场结构优化的三个内容，即合理化、高级化和梯度化。其中，合理化是基础，只有在合理化的基础上实现高级化和梯度化，才能真正实现金融市场结构的优化。反过来，金融市场结构的高级化和梯度化则是合理化的具体表现。无论是调整高级化或是梯度化都要首先解决合理化问题。因此，在考虑优化金融市场结构的路径时，对于金融市场结构的合理化问题可不单独考虑，只考虑高级化和梯度化问题。而在考虑高级化和梯度化问题时，应以市场结构的高级化为主、梯度化为辅，因为梯度化是建立在高级化基础之上的，在不同的级别上可以具有不同的梯度化。

根据上述主导思想，对于金融市场结构的优化路径问题可考虑以下四种方式的安排：

(1) 对于高级别、高梯度的“双高”金融市场结构，由于其结构优化的任务已基本完成，剩下的只有合理化的调整问题，所以对其优化路径不作特别的具体安排。

(2) 对于高级别、低梯度的“一高一低”金融市场结构，可考虑选择“先实践、后规范”的路径安排。

这类“一高一低”的金融市场结构，主要包括：市场健康性结构、市场繁荣性结构、市场有效性结构、创新性结构、竞争力结构、衍生类金融工具结构、机构投资者结构等。例如，对于那些在国际上比较成熟的一般性金融产品来说，可采用“先实践、后规范”的做法。特别是对于那些具有较强风险控制能力的金融机构来说，更要适当放宽，只要不是法律明确禁止的金融产品，均可以开发。对于定位于成熟机构投资者的金融创新产品，也可以“先实践、后规范”，因为成熟机构投资者一般具有较强的风险判断和控制能力，这时金融产品的创新可先行一步。

(3) 对于低级别、高梯度的“一低一高”金融市场结构，可选择“先规范、后实践”的路径安排。

这类“一低一高”的金融市场结构一般包括：空间结构、期限结构、区域结构、制度结构、价格结构、间接融资结构、金融衍生市场结构等。例如，定位于个人的金融创新产品，可以采用“先规范、后实践”的做法。另外，对于衍生金融产品（工具）的推出，一般也采用“先规范、后实践”的做法。

(4) 对于低级别、低梯度的“双低”金融市场结构，可选择“边实践、边规范”或“边规范、边实践”的路径安排。

这类“双低”的金融市场结构一般包括：规模结构、数量结构、金融生态结构、基础金融产品（工具）结构、传统业务结构、基础市场结构，如货币市场结构、保险市场结构、信托租赁市场结构、黄金市场结构、外汇市场结构等。

总之，中国金融市场的结构迫切需要进行调整和优化，优化的目的是最大限度地满足国民经济发展对金融市场结构的现实需求，使之更好地促进国民经济的增长。而中国金融市场结构的现实状况决定了实现上述目标的路径，只有选择好恰当的路径，才能减少失误、少走弯路，降低成本、提高效率，才能更好更快地实现优化金融市场结构的目的。

第二节　中国金融市场结构优化的战略构建

金融市场健康、繁荣与可持续发展的实质是金融市场结构不断调整和优化的过程。当前，对中国金融市场结构的优化必须坚持运用科学发展观来分析问题，正确处理金融市场发展与金融市场结构调整、金融市场发展与金融市场结构优化之间的关系，始终把握好中国金融市场结构优化的大方向。同时，要以上述基本原则为指导，选好适当的优化路径，并构建以下主要战略。

一、协调战略：建立金融市场协调机制，促进金融市场结构优化

从中国金融市场结构的现状出发，建立高效的多层次的协调机制，促进金融市场结构的调整与优化，应着重从以下几个方面入手。

（一）促进城乡金融市场协调发展，优化金融市场地域空间结构

中国经济是典型的二元结构经济，城乡经济发展水平差距很大。不过，比较而言，中国金融二元结构特别是金融市场二元结构的特点更为明显和突出，城乡金融市场发展极不协调且呈逐步加剧之势，近年来农村金融市场严重萎缩以致出现了“空洞化”现象。

中国金融市场的二元结构固然与农村经济的发展水平和市场化程

度不高有关，但政府的制度安排以及缺乏必要的政策引导也是一个不容忽视的因素。应该看到，“三农”问题不仅关系到农村的金融发展和社会稳定，更关系到全社会的就业形势、经济的稳定增长和全面建设小康社会奋斗目标的实现。没有农村经济的快速发展，仅靠城市劳动力市场吸纳农村剩余劳动力是不可能在中国实现充分就业的；没有建立在农民增收基础上的消费率的提高，仅靠投资拉动无法实现经济的持续、稳定增长；没有9亿农民的小康，就不可能有中国的小康社会。而“三农”问题的解决，必须依靠金融的强力支持。这不仅是因为金融对经济具有反作用，更因为农村经济基础较为薄弱，对金融具有较强的依赖性。因此，校正城乡金融市场的结构性偏差，逐步改善中国金融市场的二元结构特征，理所当然应成为优化金融市场结构的重点。近年来，理论界和政府管理部门提出了许多完善农村金融体制的政策措施，如组建农村商业银行、允许现有的股份制银行设立县域分支机构、扩大农发行的业务范围、建立政策性金融的财政补偿机制、理顺邮政储蓄存款机制、发展农村互助担保组织等。其中，有些措施已经出台或正在研究试点之中。但仅仅依靠这些措施修修补补不可能从根本上解决农村金融市场的供需矛盾。政府应该从农业产业化发展和农村经济战略性调整的大局出发，从国家金融改革和金融发展的总体目标出发，尽快制定全面的农村金融市场改革发展战略和具体的实施规划。具体地说，一是培育农村金融市场多元化主体，完善农村金融组织体系；二是积极开发农村金融新业务，实现农村金融服务品种多样化；三是改善农村金融市场服务设施，提高农村金融市场的服务效率；四是应重塑农村金融市场体系，对政策性金融、商业性金融和合作性金融重新进行功能定位，实现在目标一致前提下的各类金融市场的协调配合和功能互补；五是对农业保险制度的完善、农村资本市场培育等问题，也应纳入农村金融市场改革发展战略，认真研究，统筹考虑。

另外，还应大力支持中、西部金融市场发展，一是在中、西部地区增加金融机构网点；二是考虑建立中、西部资本市场等，增加这些地区的金融供给，从而优化区域金融市场结构。

（二）促进间接融资和直接融资协调发展，优化金融市场融资方式结构

一般来说，一个国家直接融资和间接融资在融资总额中占多大比重，要受该国经济体制条件、经济与金融的市场化程度、融资制度环境、经济主体的融资偏好以及社会文化传统等多方面因素的制约，是市场筹资方、投资方及其他市场参与主体相互博弈的结果，没有一个统一、固定的比例。即使同为成熟市场经济国家，直接融资和间接融资的比例也各不相同。如日本的间接融资比重比较大，而美国的直接融资比重相对大一些。对于两种融资方式在中国的发展演变，国内理论界有一种观点，认为间接融资要逐步被直接融资所取代，商业银行未来的命运令人堪忧。应该说，这种排斥间接融资方式的观点有悖于中国国情，是不可取的。但实现中国金融体制转换，使市场更好地在金融资源配置中发挥基础性作用，必须扩大直接融资比重，则是毫无疑问的。党的十六大、十六届三中全会文件和国务院发布的《九条意见》，特别是党的十七大报告对此都有深刻精辟的论述。间接融资占主导地位的融资格局所带来的负面影响是多方面的。它不仅使企业保持着较高的负债率，增加了筹资成本，也使商业银行承受着较高的资产经营风险，而且在政府实施紧缩性货币政策时容易导致经济的剧烈波动。伴随着中国资本市场的发展，直接融资的比重在逐步扩大，但在融资总额中的比重仍然明显偏低。在近两年的全社会融资总额中，银行贷款所占比重仍为90%以上，而股票和企业债券只占5%左右。而要扩大直接融资，就必须在建立多层次的资本市场体系上寻找突破口。当前，其突破口之一就是要加快企业债券市场的发展，改变资本市场结构失衡的现状。鉴于新开设的中小企业板隶属于主板，门槛很高，对满足中小企业筹资需求的作用并不令人满意。因此，需要抓紧建立规范的场外交易市场，为众多不具备中小企业板上市标准的中小企业提供广阔的融资平台。

（三）促进股票市场与债券市场等市场协调发展，优化金融市场层次结构

多层有序、结构合理、运行安全的统一金融体系是金融市场快速

健康发展的有力保障。发展金融市场，必须以推进产品创新和制度建设为手段，以增强市场功能为着力点，加快构建多层次的金融市场体系。要大力加快发展债券市场，稳步发展股票市场，积极稳妥地发展期货市场。同时，更要注重货币市场、资本市场、外汇市场、黄金市场以及保险市场等的协调发展，建立各子市场之间稳定、规范、合法的市场准入和资金流动渠道，进一步协调好发挥好金融市场的整体功能，充分发挥金融市场高效配置金融资源的作用。

当前要进一步推动债券市场平稳健康发展。在现代市场经济条件下，作为直接融资的主渠道，债券市场对于有效配置金融资源、保障货币政策有效传导、维护宏观经济健康运行等发挥着重要作用。以科学发展观统领中国债券市场发展全局，促进债券市场持续健康发展。努力扩大企业债券发行规模，大力发展公司债券，完善债券管理体制、市场化发行机制和发债主体的自我约束机制。要坚持创新理念，加强债券市场产品和工具的创新；建立规范的市场机制，包括债券发行的备案管理、信息披露和债券评级等；注重债券市场的协调和统筹，主要依托场外市场，促进场外市场与场内市场的互通互联；大力发展机构投资者，积极引入和培育证券公司、保险机构、基金等机构投资者；坚持市场化发展方向，充分发挥债券市场行业自律的作用。

资本市场作为现代市场经济的重要组成部分，在一定程度上发挥着血液调节中枢的功能。发展多层次的资本市场体系，对于提高市场的筹资能力和资本配置功能，对于保护好市场、控制市场风险具有重大意义。要依托现有市场体系，逐步形成以交易所主板市场和中小企业板市场为主体，以场外交易市场为补充，各类市场内部合理分层的资本市场体系，并通过各层次市场的差别化制度安排，实现市场风险的分层管理和市场整体效率的提高。要稳步发展股票市场，积极培育蓝筹股市场，吸引优质红筹股回归，推出创业板以及加快全国性场外交易市场的筹建，完善股份报价转让系统。要以解决体制性、机制性问题为重点，加强资本市场基础制度建设，着力提高上市公司质量，改善上市公司整体结构，健全上市公司自我约束机制，严格信息披露制度。要进一步加强市场监管，切实保护投资者尤其是中小投资者的合法权益，促进资本市场的持续健康发展。

（四）促进金融对内开放和对外开放协调发展，优化金融市场开放结构

金融开放是金融发展的助推器。在金融全球化和加入世界贸易组织的大背景下，扩大金融开放是中国金融改革与发展的必然选择。金融开放包括对内开放和对外开放两个层面，两者又是相互联系相互作用的。如果仅仅是迫于世贸规则对外资金融机构敞开大门而不能有效地实现对内开放，那么，不仅是对境内机构的一种歧视，背离了市场经济的公平竞争原则，而且也会使外资金融机构在中国境内的业务发展和市场运作受到限制，金融对外开放的程度和效果也将被削弱。因此，必须在扩大金融对外开放的同时积极推进金融的对内开放，保持两者齐头并进。金融对内开放又包括两方面内容：一是给内资和外资相同的“国民待遇”，即对外资开放的领域和业务，也应该对内资开放。二是给国内各种经济成分以相同的“国民待遇”，即消除行业垄断和歧视性的准入政策，为非国有资本特别是民间资本进入金融领域提供公平竞争的平台。允许国有经济进入的，也应允许民间资本进入。目前，对这两点已基本形成共识，关键是要付诸行动。监管当局应严格按《行政许可法》办事，改革行政审批制度，缩小行政审批范围。应该由市场决定的，就不应该再诉诸行政审批。对必须设立行政审批许可的事项，在具体实施时也应该按照公正、公开、公平原则，对所有市场主体一视同仁。应在恪守市场准入条件和加强监管的前提下，允许民营资本通过新设、改制或并购等形式，参股银行、保险、证券、信托、基金管理公司和城市信用社等金融机构参与。特别要尽快设立民营银行，健全和完善商业银行体系的所有制结构。应放松金融业务管制，鼓励金融机构之间的业务竞争，允许金融机构在建立风险控制机制的前提下进行业务拓展和业务交叉，以便为将来实现金融业的混业经营创造条件。应弱化政府在金融领域的价格管制，加快利率管理体制改革，使金融机构享有充分的利率确定权和金融产品定价权等。

二、创新战略：建立金融市场创新机制，推动金融市场结构优化

所谓创新战略，即指金融市场结构的优化必须通过金融市场中的一系列创新活动，如制度创新、技术创新、工具创新、产品创新等来解决。金融创新是金融市场结构调整与优化的基本动力。

（一）加强制度创新，冲破金融市场结构优化的制度“瓶颈”

制度创新是创新者获取追加利益而对现存制度进行变革，打破原有制度均衡实现制度的帕累托改进过程。在这一过程中，制度创新者对潜在利益的追求，乃是整个创新过程最直接的动力。从制度的公共物品属性看，制度的供给主体是政府，但中国市场化改革的取向决定了金融市场中的制度创新必然是政府和市场共同推动的结果。如果政府提供的制度安排与金融市场上的制度需求之间存在目标一致性，则政府与市场之间将形成一种互补的力量，共同推进制度创新过程；如果政府和制度需求者的目标不一致，将可能导致制度创新的供求错位，这必然降低制度创新的针对性，从而可能使制度创新活动失去微观经济基础。因此，政府提供的制度供给必须满足金融市场不断内生的制度需求，否则，就需要对现有的制度进行修正，这一修正的过程就是制度创新的过程。

金融市场能否有效地发挥功能，关键在于能否建立与市场经济相符合的金融市场结构。从新制度经济学的角度看，金融市场的产生、发展和完善的过程主要表现为一种金融市场制度创新的过程。制度创新就是要提供一套行之有效的制度安排，以期打破金融市场结构不合理的低效率状态，通过结构调整和优化，最终达到更高效率的合理状态。随着中国制度创新路径逐步由政府供给主导型向市场需求引导型的演进，政府在调整和优化金融市场结构过程中的行政行为应置于市场规制的约束之下，将该由市场完成的事情还给市场。实践证明，制度创新虽然离不开政府的制度供给和支持，但并不意味着制度供给越多越好，行政力量在市场上的部分退出也是制度创新的一种方式。

金融制度的创新可划分为两种基本形式，即诱致性变迁和强制性变迁。成熟市场经济国家一般采用的是诱致性变迁模式，即金融制度变革首先是个人或集团发现了制度的外在利润时，为获取外在利润而自发倡导、组织和实行的创新，并要求政府提供相应的制度安排。政府则根据制度创新者与其他利益相关者的力量对比以及自身利益考虑进行决策，金融制度创新一旦做出就会导致相关制度的整体性变迁。新兴市场经济国家基本上采取强制性变迁模式，这是由国家推动金融市场发展的路径依赖以及创新能力、创新方式所决定的。中国金融市场的产生与发展并没有走西方国家金融市场自然发育的道路，而是选择了跨越式超常规发展模式，就在于政府扮演着主导作用——提供制度变迁的方案，并具体实施金融市场的制度化进程。另外，面对不断显现的各种内在矛盾，政府在进行强制性制度创新时，除需要防范制度创新本身所引致的风险外，还需要将解除政府隐性担保契约、降低市场投机者的预期超额收益作为制度创新的目标。政府对市场及其参与主体的隐性担保契约和各利益主体针对政府而展开的投机活动是中国金融市场制度创新的风险源头。

（二）推进金融产品创新，丰富金融市场结构的梯度化

以金融产品创新为重点，依靠市场主体的积极性和创造性，继续大力推动金融创新，进一步提升中国金融市场的发展水平。要适应金融业务综合化、金融活动国际化、金融交易电子化和金融产品多样化的发展趋势，大力推进金融市场创新。金融市场创新一定要从中国国情出发，根据需要和可能，积极稳步推进。金融市场创新要与加强金融监管相互协调、相互促进。具体措施：一是稳步扩大银行间市场创新产品的规模，稳步发展短期融资券市场，继续做好金融债、商业银行次级债、混合资本债等债券的发行管理，积极稳妥地推进资产证券化业务试点，推动银行间市场的快速发展；二是要加快黄金市场的产品创新，研究推出黄金衍生产品，积极探索黄金市场从现货市场向衍生品市场过渡的有效途径；三是要加大外汇市场创新力度，进一步研究在场外市场推出人民币衍生产品；四是支持证券公司进行产品、服务和组织创新，丰富基金产品类别，稳步推进封闭式基金转型的创新；五是以稳妥推出金融期货为重点，适时推出新的期货品种，更好地发挥期货市场职能；六是大力加强金融衍生产品的研发工作，确立金融衍生产品的发展规划，积极推动相关机构加快金融衍生产品的研发和技术准备等。

（三）加强创新能力建设，推进金融市场结构的高级化

金融创新是金融市场提高服务水平和竞争能力的重要基础，也是有效对冲和分散风险的重要手段。加强创新能力建设，无疑对于培育具有竞争力的业务种类、开发金融工具以及增强金融服务水平等都具有十分重要的意义。

当前，加强对银行业的创新能力建设是整个金融市场创新能力建设的突破口之一。对于银行业来说，银行业金融创新工作目前正面临一个新的历史时期。中国银行业已全面履行加入世界贸易组织后对外开放的承诺，外资法人银行已在国民待遇的条件下与中资银行进行全面竞争。市场的整个竞争形势发生了新变化，银行业金融创新工作需要花大气力进一步推进。坚持以促进国际竞争能力建设来推动银行业的创新监管工作，切实加强银行业金融机构创新能力建设。为此需要遵循以下原则：鼓励竞争和引进新产品、新服务；重视在法规和市场准入许可中的透明度和可预测性建设；逐步提高市场准入的便利；在世界贸易组织框架下，实施国民待遇，对国内外银行业金融机构实行非歧视性政策；不断创新监管制度和体制，以适应新形势下持续有效监管的需要。另外，银行业金融机构加强创新能力建设，有三个问题必须得到较好解决：一是加强战略的科学性和客户细分工作，重点搞好队伍建设、保护知识产权以及技术引进和转让的工作；二是加强内部流程改造，前台销售、中间研发和定价、后台管理三个部门需要合理分工和有机协作，缺一不可；三是要投入充分精力做好会计系统支持和相应 IT 信息科技的支持。此外，在创新过程中，还应注意产品的高附加值和高科技含量，注意强调风险和成本的可控性及可预测性等。

对于证券市场来说，要通过“多样化、个性化和创新化”来丰富金融产品种类，大力发展现代投资银行业务，拓宽券商来源渠道；同

时，证券市场具有的资本密集、技术密集与知识服务型等特点，需要通过建立各具特色的品牌，才能细分市场，锁定自己的客户群，才能提高核心竞争力。因此，一方面要调整证券市场的发展战略，引导证券市场创新业务，不断向证券市场结构的高级化方面发展；另一方面要矫正证券市场发展方向，将发展重心放在与投融资直接相关的一级市场上，二级市场的发展必须以一级市场为依托；重视开发场外市场，有效抑制高风险性、高投机性和寻租性的市场活动。同时，加强货币市场与资本市场之间的联系，拓宽二者的沟通渠道，促进二者均衡发展。在条件成熟时，适时开发金融衍生市场等。

对于保险市场来说，要在优化保险产品结构和创新保险服务等方面多下工夫，同时要注重开发养老、医疗、教育、住房和责任等具有广泛社会需求的保险产品，从而满足多层次的保险需求；不断创新服务方式，丰富保险内涵，把服务渗透到保险消费的各个环节。同时，要拓展保险业务，做好银保合作和证保合作，使保险业务走向综合化和全能化。另外，对于信托市场和租赁市场来说，重点是增加市场的业务种类和产品种类，重新定位市场功能，增加市场供给，充分发挥其市场潜力等。

三、开放战略：建立金融市场开放机制，提升金融市场结构优化

随着中国经济国际化程度的提高和国内国际市场联结的日益紧密，中国金融市场与国际金融市场已经形成一定程度的联动性，中国应进一步加强国内金融市场与国际金融市场的联系，更好地发挥国内金融市场的对外服务功能，采取有力措施增强中国金融市场对外提供服务能力和对外吸引力，努力将中国金融市场建成具有对外提供金融交易服务能力、由境内外参与者共同参与的、具有一定国际或区域影响的现代金融市场。

（一）通过金融市场开放，积极顺应金融市场结构优化的世界变动趋势

世界金融市场结构的变动趋势对中国金融市场结构的优化将产生极为深刻的影响，中国金融市场结构的调整与优化绝不能闭门造车，必须主动顺应世界金融市场结构变化的新潮流，密切关注中国经济金融开放对金融市场结构的现实要求，时刻洞察国际环境和国际潮流对中国金融市场结构优化的影响及其提供的机遇与挑战。随着中国经济金融开放的不断深化，必然要求对尚有传统金融市场结构缺陷的金融体制进行深化改革，以便遵循市场经济运行的内在规律，响应市场经济对金融市场结构调整与优化的内在要求。当今经济全球化、金融自由化已渗透到全球范围内的各个角落，跨国公司的崛起和发展导致贸易一体化、生产一体化和国际资本的迅速流动，这些在客观上产生了对金融一体化的要求，促进了金融市场结构开放性的不断提高。不同国家金融自由化的实施，导致对其金融市场活动、金融业务以及金融工具等的限制越来越少，从而为金融市场的对外开放提供了空间，而金融市场的不断开放又必然引起金融市场结构产生相应的变化。因此，中国应当充分利用加入 WTO 这一有利契机，积极实施金融市场对外开放，以主动顺应世界金融市场结构优化的变动趋势。

（二）利用金融市场开放，不断满足金融市场结构优化的国际化需求

当今世界金融市场结构已经发生了全面而深刻的变化，出现了金融市场结构的多层化与复杂化变化趋势。这种变化趋势绝不是偶然的和人为的设计，而是现代经济全球化、一体化、自由化以及科技进步等多种因素共同作用的结果。中国金融市场结构的调整与优化必须与世界同步，不断满足国际金融市场结构变化对中国金融市场结构调整与优化的要求。随着各经济主体之间国际交流的日益增多，新的国际化金融需求必然产生。一方面，国内各经济主体要求中国的金融市场结构能够提供更多的境外金融服务种类、支付清算以及融资途径等；另一方面，国外各经济主体在进入中国金融市场后，也需要中国金融市场结构提供对口的金融服务和金融便利。可见，特别关注不断出现的国际性金融需求将是调整与优化中国金融市场结构的一项紧迫性任务。例如，在条件成熟后，就应逐步扩大国内金融市场的境外参与者范围。中国在股票市场引入合格境外机构投资者的成功经验表明，只要管理到位，适当扩大境外参与者对中国金融市场的参与，有利于国内金融市场的活跃，有利于增强国内外金融市场之间的联系，而不会对国内金融市场的正常运行造成大规模冲击。伴随资本项目完全可兑换的稳步推进，逐步扩大其他境外企业和金融机构参与境内金融市场的范围。与此同时，加强对跨境资本流动的统计监测体系建设，加强信息的收集和分析能力。另外，应发挥中资金融机构联结国内外市场的作用，实现金融市场的动态平衡。鼓励国内大型金融机构实现国际化经营，更好地发挥国内重要市场参与者在联结国内和国际金融市场方面的作用。积极稳妥地推动保险公司、社会保障基金以自有外汇和购汇进行境外证券投资，研究和推出境内合格机构投资者制度。鼓励境内金融机构和企业更加主动地参与国际金融市场，鼓励其成为国内国际市场金融市场的主要联结者。

（三）扩大金融市场开放，积极改善金融市场结构优化的国际金融环境

要适应全球化和加入世界贸易组织的新形势，统筹国内发展与对外开放的需求，循序渐进、积极稳妥地扩大金融市场对外开放。一方面，要提高法规和政策透明度，创造公平和可预见的市场环境，继续推动合格境外机构参与国内金融市场投资与融资活动，积极借鉴国际先进经验与技术，提高中国金融机构的竞争力，并在深化交流与合作过程中，扩大中国金融市场的影响力。另一方面，要搭建中国金融市场与国际金融市场的联通渠道与平台，积极利用国际金融市场资源，推动中国金融机构、企业与居民参与国际金融市场活动，促进中国金融市场与国际金融市场的融合，提升中国金融市场在国际金融市场中的影响与地位。适时适度地扩大对外开放，有利于进一步完善中国金融市场的运行机制和约束机制，不断增强中国金融市场在开放条件下的整体竞争力和发展能力，为中国金融市场结构的调整与优化创造良好的外部环境。

（四）规范金融市场开放，不断提高金融市场结构优化的质量和水平

在后 WTO 时代，中国金融市场的发展已经深深融入世界金融运行的轨道之中，中国金融市场结构的调整与优化应当积极借鉴世界金融市场结构调整的有益经验，一方面认真落实 WTO 在金融业方面的市场准入原则，主动学习国外优秀金融市场的运行规则和管理经验；另一方面要充分依据 WTO 的非歧视性原则，大力拓展境外金融业务。随着中国金融机构在境外设立分支机构以及在国际金融市场上开展投融资活动的顺利展开，自然要遵守国际金融市场运行的基本原则和惯例，这在客观上也带动了国内金融机构对于国际规则的学习与把握。另外，国际知名金融机构、信用评级机构以及中介服务机构的进入，对中资机构和国内金融市场将造成巨大的压力。为此，中资机构必须从过去注重数量扩张的粗放型发展模式转化为对结构优化的集约型发展模式，从而提高了中国金融市场结构优化的质量和水平。

四、保障战略：建立金融市场保障机制，保证金融市场结构优化

中国金融市场结构的调整与优化必须从国内外金融市场发展的环境出发，改善形成金融市场结构的基本条件，加强金融生态建设，建立金融市场结构调整与优化的保障机制，从而保证金融市场结构优化的顺利进行。

（一）改善基础性条件，夯实金融市场结构优化的基础

前面已经分析过制约中国金融市场结构优化的内生性因素和外生性因素，这里要重点注意克服以下几个方面的问题：

1. 提高金融市场参与主体的理性化程度。市场参与主体的理性化程度与金融市场结构的优化息息相关。因此，对中国金融市场参与主体的非理性行为应加以矫正。从融资者的角度看，重点是规范国有企业的市场行为，进一步改善法人治理结构，完善约束机制，加强产权人格化；从投资者角度看，重点是约束机构投资者的市场行为，防止

过度投机和操纵市场，同时要对个人投资者加强市场理性教育，改变盲目、盲从与迷信的行为惯性，使其正确处理风险与收益的关系；从管理者的角度看，要加强政府监管部分的监督和管理，同时要加强相关金融市场的自律和社会舆论的监督等。

2. 加强社会信用基础和信用制度建设。一个国家的信用基础、信用关系状况直接决定着金融交易的成本、金融产品与金融工具的种类、融资方式、交易方式以及交易价格等的状况。因此，信用基础和信用关系则是金融市场结构形成的基础性条件。一国的信用基础越深厚，信用关系发展程度越高，金融市场结构就会越复杂，金融市场发展的层次和水平也越高。目前，中国的信用基础仍然比较薄弱，社会信用制度缺失阻碍了中国金融市场创新的发展，制约了金融产品与金融工具的种类丰富和结构调整，导致金融机构将大量的金融资源配给了国有企业，而中小企业融资困难不能解决，制约了中小企业发展；信用落后还影响了家庭居民对储蓄形式的选择，由于企业信用的缺失和不规范，使居民对企业债券还心存疑虑，所以居民首选以国有银行储蓄存款的形式持有盈余资金，这种情况不利于改善国有银行的垄断地位和证券化资产的发展。因此，需要加强中国社会信用基础和信用制度的建设，其具体措施包括：一是建立健全信用制度，将各种信用活动纳入具有强大约束力和制衡力的信用规则下运行；二是加强对全社会信用环境的治理与执法，加大失信惩罚机制，使守信成为一种最优的理性经济行为；三是完善政府的信用监督和管理，逐步建立国家信用管理体系；四是加强全社会范围内的信用教育、科研和培训，营造诚实守信的氛围和环境。

3. 加强金融市场基础制度建设。中国金融市场仍然处在发展初期，大力加强基础性制度建设是解决中国金融市场问题的重要工作。一是要加强市场法律法规制度建设，制定相关的办法或规则，争取尽早出台《全国银行间债券市场债券托管和结算管理办法》、《同业拆借管理办法》等，尽快颁布《上市公司监管条例》、《证券公司监管条例》、《证券公司风险处置条例》等相关文件，进一步健全交易、信息披露以及并购重组制度等；二是要进一步完善行业自律组织的基本功能，充分发挥证券、期货、会计师、律师和信用评级机构等行业协会或自律组织的自律管理作用，协助监管部门履行职能，维护市场秩序，促进中介服务机构不断提高自身执业水平和公信力，使信息披露和信用评级等市场约束和激励机制真正在金融市场发展中发挥作用。

（二）依托科技进步，增强金融市场结构优化的推动力

金融市场是典型的科技密集、信息密集和智力密集的市场之一，其发展离不开科技进步的支持。高科技在金融市场中的应用打破了传统金融市场的业务和地域界限，呈现出交易对象工程化、交易方式电子化、交易范围国际化以及交易时间无时空限制的特征，大大提高了金融服务的效率，拓展了金融市场的广度、深度和强度，使科技进步日益成为金融市场结构优化的重要条件。

1. 利用科技进步提高金融市场的运作效率。随着科学技术的发展，金融市场的运行效率已有了明显提高。从金融工具方面看，目前已出现的电子货币，其交易效率比传统的货币、证券和存款等有了较大提高；从交易方式方面看，目前已出现的网上交易、电话交易、自助交易等新的交易方式，使其与传统交易方式相比交易大为方便和手续大大简化。因此，及时吸收科技进步有利于提高金融市场的运作效率，同时也有利于金融市场结构的调整与优化。

2. 依托科技进步提高金融市场的服务水平。在信息网络技术与金融市场的耦合关系不断加深的今天，依托现代信息网络技术，创新具有高科技含量的金融产品和金融工具，已成为现代金融市场金融工具创新的主旋律。同时，科技进步也有利于个性化的金融产品和金融服务的定制，从而可以大大提高金融市场的服务水平，更好地引导金融市场结构向着更高级层次和多梯度的方向优化。

3. 借助科技进步提高金融市场的管理水平。科技进步打破了传统金融市场业务的专业分工，模糊了银行业、证券业和保险业之间的界限，从而也加速了传统金融机构的组织体系、管理体制和运作模式的整合、再造与变革的步伐。科技进步正使传统的金融机构的外部组织结构由物理形态向虚拟形态转变，内部组织结构由垂直形态向扁平形态发展，内部组织制度由层级制逐步被平行式的制度所代替。另外，科技进步也使金融市场的运作模式由传统的分散式经营模式逐步转向集中化和网络化。可见，科技进步有利于金融市场管理结构的深化和优化。

（三）提高监管效率，改善金融市场结构优化的监管环境

1. 处理好监管与创新的关系，以监管促进创新。金融创新和金融监管的共同目标是金融市场的发展。在适度有效的监管下，金融创新有助于金融市场的繁荣健康发展；同时金融创新也为金融监管提出了新的课题，从而推动金融监管水平的进一步提高。目前，中国的金融监管制度更多的是倾向于强化管制，不但降低了金融监管效率，而且也大大抑制了金融创新能力的迸发。因此，需要简化金融创新的审批程序，提高金融监管制度的前瞻性，更好地为金融市场结构优化创造良好的外部监管环境。

2. 处理好市场发展与防范风险的关系。有效的监管体系是维护金融市场良好秩序和促进金融市场长期繁荣健康发展的保障。要切实加强和改进金融市场监管，树立依法行政、依法监管的理念，通过实施有效的监管，努力提高金融市场的公正性、透明度和效率，降低市场的系统性风险。同时顺应金融市场综合经营的趋势，不断完善金融市场监管的协调机制。积极探索功能监管的新思路，加强金融监管部门在统一金融产品标准、统一执法合作等方面的制度安排。推动市场协作监管机制建设，实现信息资源共享，提高监管效率，努力构建保障金融市场协调健康发展、有效防范化解风险的长效机制。要加强金融市场体系和跨市场风险监测指标体系的研究，建立起金融市场的风险预警体系，妥善处理推动金融市场创新发展与加强风险防范的关系，降低金融市场结构优化中的风险。

3. 改善监管模式，加强金融监管的协调性。中国金融市场效率不高、竞争力不足是一个事实。金融监管应通过设定科学合理的监管范围，采取适宜的监管方式，鼓励对金融业务、金融产品、金融工具等的创新，以此提升金融市场的整体竞争力，促进金融市场结构的调整与优化。中国现行的“一行三会”金融监管体制是典型的多头监管模式，因此，需要各监管主体在明确分工、各司其职的基础上加强合作，强化相互间的信息沟通与共享，合理配置监管资源，降低交叉监管中的信息成本、协调成本和实施成本，逐步形成统一高效的监管体系。同时，要转变金融监管理念，积极顺应世界金融发展趋势，在混业经营逐步成为现代金融经营的主要模式后，应逐步实现由机构监管向功能监管的过渡。通过改革金融监管模式，提高金融监管效率，以保证金融市场结构调整与优化的顺利进行。

当前，中国金融市场发展正处于最重要的机遇期，同时更面临着国际金融危机向实体经济逐渐蔓延、国内经济增长趋缓等外部环境变化带来的严重挑战。这次由美国次贷危机所引发的美国金融危机，正是由美国金融机构的过度创新和政府过度放松金融监管所导致的。因此，必须进一步完善金融市场监管，强化金融市场基础性制度建设，积极稳妥推动金融市场创新，防范金融风险，确保金融市场安全运行和持续稳定健康发展。通过金融市场结构的优化，不断为国民经济发展提供强有力的支持和保障。

参考文献

一、著作类

1. 白钦先、郭翠荣:《各国金融体制比较》,中国金融出版社,2002年版。

2. 陈岱孙、厉以宁:《国际金融学说史》,中国金融出版社,1991年版。

3. 蔡则祥著:《金融结构优化论》,中国社会科学出版社,2006年版。

4. 戴国强等著:《金融市场微观结构理论》,上海财经大学出版社,1999年版。

5. 邓智毅著:《金融效率制度性分析》,中国金融出版社,2003年版。

6. 方贤明著:《制度变迁与金融结构调整》,中国经济出版社,1999年版。

7. 郭克莎著:《结构优化与经济发展》,广东经济出版社,2001年版。

8. 洪银兴著:《资本市场结构调整和资产重组》,中国人民大学出版社,2002年版。

9. 李量著:《现代金融结构导论》,经济科学出版社,2001年版。

10. 李茂生著:《中国金融结构研究》,中国社会科学出版社,1987年版。

11. 李扬、王松奇主编:《中国金融理论前沿》,社会科学文献出版社，2000 年版。

12. 李扬、王国刚、何德旭：《中国金融理论前沿Ⅱ》，社会科学文献出版社，2001 年版。

13. 李扬、王国刚、何德旭：《中国金融理论前沿Ⅲ》，社会科学文献出版社，2003 年版。

14. 李健著：《国有商业银行改革：宏观视角分析》，经济科学出版社，2004 年版。

15. 李健著：《中国金融发展中的结构问题》，中国人民大学出版社，2004 年版。

16. 李木祥、钟子明著：《中国金融结构与经济发展》，中国金融出版社，2004 年版。

17. 刘波著：《资本市场结构》，复旦大学出版社，1999 年版。

18. 刘仁武：《区域金融结构和金融发展理论与实证研究》，经济管理出版社，2003 年版。

19. 刘莉亚、邵斌编著：《结构化金融产品》，上海财经大学出版社，2005 年版。

20. 刘志彪等著：《经济结构优化论》，人民出版社，2003 年版。

21. 潘正彦著：《中国金融产业经济学》，上海社会科学院出版社，2004 年版。

22. 孙天琦著：《金融组织结构研究》，中国社会科学出版社，2002 年版。

23. 孙伍琴著：《不同金融结构下的金融功能比较》，中国统计出版社，2003 年版。

24. 王广谦著：《经济发展中金融的贡献与效率》，中国人民大学出版社，1997 年版。

25. 王广谦著：《20 世纪西方货币金融理论研究：进展与述评》，经济科学出版社，2003 年版。

26. 王广谦著：《金融中介学》，高等教育出版社，2003 年版。

27. 王军生著：《金融市场结构研究》，经济科学出版社，2007 年版。

28. 王振山著:《金融效率论——金融资源配置的理论与实践》，经济管理出版社，2000 年版。

29. 万解秋著:《企业融资结构研究》，复旦大学出版社，2001 年版。

30. 王颖捷著:《金融产业组织的市场结构》，机械工业出版社，2004 年版。

31. 王兆星著:《中国金融结构论》，中国金融出版社，1991 年版。

32. 萧灼基主编:《中国金融市场分析与预测》，经济科学出版社，2006 年版。

33. 杨林著:《金融发展与实体经济增长》，中国金融出版社，2002 年版。

34. 张杰著:《中国金融结构与变迁》，山西经济出版社，1998 年版。

35. 张宗新编著:《证券市场深化与微观结构优化》，中国金融出版社，2005 年版。

36. 张维迎著:《博弈论与信息经济学》，上海三联书店，1996 年版。

37. 曾康霖著:《金融经济学》，西南财经大学出版社，2002 年版。

38. 周业安著:《金融市场的制度与结构》，中国人民大学出版社，2005 年版。

39. 周振华著:《产业结构优化论》，上海人民出版社，1999 年版。

40. 赵雪琴著:《中国证券市场结构优化与制度创新》，上海三联书店，2004 年版。

41. [美] 爱德华·肖著:《经济发展中的金融深化》，邵伏军等译，上海三联书店、上海人民出版社，1988 年版。

42. [美] 佩特·D.斯潘瑟（Peter D. Spencer）著:《金融市场结构与监管》，戴国强等译，上海财经大学出版社，2005 年版。

43. [美] 奥利弗·E.威廉姆森等著:《企业制度与市场组织——交易费用经济学文选》，陈郁编译，上海三联书店、上海人民出版社，1996 年版。

44.［美］道格拉斯·C.诺斯著：《经济史中的结构与变迁》，陈郁等译，上海人民出版社，1994 年版。

45.［美］雷蒙德·W.戈德史密斯著：《金融结构与金融发展》，周朔等译，上海三联书店，1990 年版。

46.［美］米什金著：《货币金融学》，李扬等译，中国人民大学出版社，1998 年版。

47.［美］约翰·Y.坎贝尔等著：《金融市场计量经济学》，朱平芳等译，上海财经大学出版社，2003 年版。

48.［美］尼尔斯·赫米斯等著：《金融发展与经济增长》，经济科学出版社，2001 年版。

49.［美］刘易斯、卡布罗著：《产业组织导论》，胡汉辉等译，人民邮电出版社，2002 年版。

50.［英］凯文·多德等著：《金融与货币经济学前沿问题》，陈雨露等译，中国税务出版社，2000 年版。

51.［英］凯文·多德著：《竞争与金融》，周业安等译，中国人民大学出版社，2004 年版。

52.［法］泰勒尔著：《产业组织理论》，张维迎等译，中国人民大学出版社，2000 年版。

53.［日］青木昌彦著：《比较制度分析》，周黎安译，上海远东出版社，2001 年版。

54.［日］青木昌彦，钱颖一著：《转轨经济中的公司治理结构》，张春霖等译，中国经济出版社，1998 年版。

二、期刊报纸类

55. 陈收、廖懿："资本市场的均衡与非均衡"，《湖南大学学报》，1997（3）。

56. 高玉泽："中国金融市场存在结构性割裂之痛"，《上海证券报》，2004 年 3 月 24 日。

57. 何德旭："论中国资本市场的结构优化方向"，《理论探讨》，

1999（3）。

58. 华民等："谁来配置中国的现金流——中国筹资结构及其改革"，《上海金融》，2003（4）。

59. 贾玉革："货币市场结构合理性的判断标准"，《中央财经大学学报》，2003（12）。

60. 金言："加大金融创新力度　促进金融市场协调发展"，《金融时报》，2004 年 3 月 22 日。

61. 劳平："金融结构历史演变的初步考察"，《国际金融研究》，2003（6）。

62. 李斌："经济发展、结构变化与货币消失"，《经济研究》，2004（6）。

63. 李健："优化我国金融结构的理论思考"，《中央财经大学学报》，2003（9）。

64. 李健、贾玉革："金融结构的评价标准与分析指标研究"，《金融研究》，2005（4）。

65. 李健："我国金融市场结构优化的评价标准与指标体系"，《中央财经大学学报》，2009（8）。

66. 李建国："中国银行业的市场结构与竞争效率"，《中央财经大学学报》，2000（11）。

67. 李建军、田光宁："中国融资结构的变化与趋势分析"，《财经科学》，2001（6）。

68. 李敏、林娟："金融市场结构与金融创新动力相关性研究"，《商场现代化》，2005（9）。

69. 李月："如何改善我国金融市场结构"，《现代金融》，2005（9）。

70. 李玉清："优化证券市场结构、推动制度创新过程"，《上海综合经济》，2002（4）。

71. 李伟敏："美国证券市场结构对我国的启示"，《经济导刊》，2000（2）。

72. 梁文忠："论证券市场结构的合理化"，《统计与决策》，2003

(12)。

73. 林毅夫、孙希芳、姜烨:《经济发展中的最适金融结构理论初探》(研究报告),北京大学经济研究中心,2006(6)。

74. 刘海龙、吴冲锋:"金融市场微观结构理论综述",《管理评论》,2003(1)。

75. 刘仁伍:"金融结构健全性和金融发展可持续性的实证评估",《金融研究》,2002(1)。

76. 柳立:"从解放思想和制度创新入手　调整金融市场结构",《金融日报》,2008年5月20日。

77. 娄树本、吴盛:"中国证券市场结构实证分析",《现代财经》,2001(1)。

78. 卢世春:"我国股票市场结构优化问题研究",博士论文,2002。

79. 莫学斌、王长江:"中国证券市场结构非均衡的制度基础",《投资研究》,2003(5)。

80. 乔炳亚:"金融市场结构的变迁与我国金融政策的选择",博士论文,2001。

81. 孙敬水:"市场结构与市场绩效的测度方法研究",《统计研究》,2002(5)。

82. 陶虎:"中国证券市场结构与规制制度分析",《金融教学与研究》,2001(6)。

83. 田银华、刘凤根、张敏:"论中国证券市场结构选择",《湖南社会科学》,2004(1)。

84. 涂斌:"金融结构优化的衡量",《中国市场》,2005(8)。

85. 万正晓:"当前资本市场结构的主要特征",《经济论坛》,2002(23)。

86. 王广谦:"中国金融发展中的结构问题分析",《金融研究》,2002(5)。

87. 王国红:"论中国银行业的市场结构",《经济评论》,2002(2)。

88. 王敬："金融市场结构国内外研究综述"，《西南金融》，2005（6）。

89. 王军生："论中国金融市场结构的优化"，《北京理工大学学报》（社科版），2005（10）。

90. 王军生："金融结构优化的国际经验与借鉴"，《国际金融研究》，2005（10）。

91. 王军生："中国金融市场结构优化研究"，博士论文，2005。

92. 王新祝："论市场结构范式的标准与评价体系"，《中国工业经济》，2004（9）。

93. 王英姿："我国金融市场的结构层次及经济功能分析"，博士论文，2001。

94. 吴腾华："我国金融市场结构优化：评价标准与指标体系"，《河南金融干部管理学院学报》，2007（12）。

95. 吴腾华："我国金融市场结构的特征、问题与对策"，《学术研究》，2008（11）。

96. 吴腾华："我国金融市场结构优化：决定条件与制约因素"，《金融理论与实践》，2009（9）。

97. 谢卓路、刘珏："中国金融市场结构优化浅析"，《时代经贸》（学术版），2006（7）。

98. 杨建莹："促进货币市场与资本市场互动发展"，《金融时报》，2005年4月1日。

99. 杨亚琴："加入WTO后中国金融市场结构变动趋势及应对策略"，《上海金融》，2001（11）。

100. 姚秦："中国证券市场结构与绩效实证研究"，《证券市场导报》，2003（2）。

101. 叶欣、郭建伟："垄断到竞争：中国商业银行市场结构的变迁"，《金融研究》，2001（11）。

102. 易宪容："如何化解国内金融市场结构性失衡"，《第一财经日报》，2004年12月29日。

103. 易纲："中国金融资产结构分析及政策含义"，《经济研究》，

1996（12）。

104. 殷克东、程涛："优化我国债券市场结构的对策研究"，《中央财经大学学报》，2003（7）。

105. 殷剑峰："透析中国金融市场体系中的联动关系"，《中国证券报》，2005年6月6日。

106. 于谨："用市场化方式化解金融结构风险"，《人民日报》，2004年12月13日。

107. 苑德军："重视解决金融发展中的结构性矛盾"，《金融时报》，2005年1月24日。

108. 袁鹰："我国银行业市场结构效应分析"，《财经研究》，2000（12）。

109. 余萍："描述金融市场相关结构的新工具——Copula"，《东莞理工学院学报》，2005（10）。

110. 赵雪芹："中国证券市场结构优化与制度创新"，博士论文，2003。

111. 赵义怀："中国资本市场结构与效率研究"，博士论文，2001。

112. 赵志君："金融资产总量、结构与经济增长"，《管理世界》，2000（3）。

113. 张立洲："论金融结构、金融业务与中国金融发展"，《经济学动态》，2002（7）。

114. 张捷："关于利率市场化与金融市场结构的分析"，《金融与投资》，2001（7）。

115. 曾建中："中国金融市场结构变迁的路径选择"，《财经科学》，2005（6）。

116. 曾勇："基于高频数据的金融市场微观结构实证研究综述"，《系统工程》，2005（3）。

117. 朱克桐："我国银行业市场结构变迁的路径选择"，《金融论坛》，2003（12）。

三、外文类

118. Abdourahmane Sarr, 2000. *Financial liberalization, banking market structure, and financial deepening, an interest margin analysis*, IMF working paper series.

119. Allen, F. and D. Gale (1997), *Fincial Markets, Intermediaries, and Intertemporal Smoothing*, Journal of Political Economy, 105: 523~546.

120. Allen, F. and Santomero, M., 1998. *The Theory of Financial Intermediation*, Journal of Banking and Finance, Vol.21.

121. Arestis, P., P. O. Demetriades and K. B. Luintel (2001), *Financial Development and Economic Growth: The Role of Stock Markets*, Journal of Money, Credit, and Banking, 33: 16~41.

122. Arestis, P. and P. Demetriades (1997), *Financial Development and Economic Growth: Assessing the Evidence*, Economic Journal, 107: 783~799.

123. Asli Demirguc-Kunt and Ross Levine, 1999. *Bank-based and Market-based Financial Systems; Cross-country Comparison, mimeo*, World Bank.

124. Baumol W., Panzar J., and Willig R. *Contestable Markets and Theory of Industry Structure*. New York: Harcourt Brace Jovanovich, 1982.

125. Beck, T., and R. Levine (2002), *Industry Growth and Capital Allocation: Does Having a Market or Bank-Based System Matter?* Journal of Financial Economics, 64: 147~180.

126. Beck, T. and R. Levine (2003), *Stock Markets, Banks and Growth: Panel Evidence*, Jouranl of Banking and Finance, Vol.28: 423~442.

127. Berger, A. N., N. H. Miller, M. A. Petersen, R. G. Ragan,

and J. C. Stein（2005），*Does Function Follow Organizational Form? Evidence from the Lending Practices of Large and Small Banks*，Jouranl of Financial Economics，76：237~269.

128. BIS，1999，*Market Liquidity*，*Research Finding and Selected Policy Implications*，May.

129. Boot，A. W. A. and A. Thakor（2000），*Can Relationship Banking Survive Competition*? Journal of Finance，55：679~713.

130. Boyd，J. A.，and J. S. Link，and C. W. Smith（2003），*Boundaries of Firm*：*Evidence from the Banking Industry*，Journal of Financial Economics，70：351~383.

131. Caminal R. and C. Mututes（1997），*Bank Solvency*，*Market Structure and Monitoring Incentives*，Centre for Economic Policy Research Discussion，Paper No.1665.

132. Carlin，W. and C. Mayer（2003），*Finance*，*Investment*，*and Growth*，Journal of Financial Economics，forthcoming.

133. Cetorelli，N. and M. Gambera（2001），*Banking Structure*，*Financial Dependence and Growth*：*International Evidence from Industry Data*，Journal of Finance，56：617~648.

134. Chevalier，J. A. *Capital Structure and Product-Market Competition*：*Empirical Evidence from the Supermarket Industry*. American Economic Review，1995，85（3）：415~435.

135. Christopoulos，D. K and E. G. Tsionas（2004），*Financial Development and Economic Growth*：*Evidence from Panel Unit Root Cointegration Tests*，Journal of Development Economics，73：55~74.

136. Cole，R. A.，L. G. Goldberg，and L. J. White（2004），*Cookie Cutter vs. Character*：*The Micro Structure of Small Business Lending by Large and Small Banks*，Journal of Financial and Quantitative Analysis，39（2）：227~251.

137. Demirguc-Kunt，A. and R. Levine. *Financial Structure and Economic Growth*：*A Cross-Country Comparison of Banks*，*Markets*，*and*

Development. The MIT Press. Cambridge, Massachusetts, London, England, 2001.

138. Demirguc -Kunt, A. and V. Maksimovic (1999), *Law, Finance, and Firm Growth*, Journal of Finance, 53: 2107~2137.

139. Dolar, Veronika and Cesaire Meh. *Financial Structure and Economic Growth: A Non-Technical Survey*. Bank of Canada Working Paper, 2002, 24.

140. Furubotn, E. G. and R. Richter. *Institutions and Economic Theory: The Contribution of the New Institutional Economics*. Ann Arbor: the University of Michigan Press, 1997.

141. Galbis, Vicente, 1997. *Financial Intermediation and Economic Growth in Less-Development Countries: A Theoretical Approach*, Journal of Development Studies, 13.

142. Gertler, M., *Financial Structure and Aggregate Economic Activity: An Overview*. Journal of Money, Credit and Banking, 1988, 20 (3): 559~588.

143. Greenwood, J. and B. Jovanovic. *Financial Development, Growth, and the Distribution of Income*. Journal of Political Economy, 1990, 98 (5): 1076~1107.

144. Greenwood. J and B. Smith. *Financial Markets in Development and the Development of Financial Markets*. Journal of Economic Dynamics and Control, 1997 (21): 145~156.

145. Guzman Mark G. (2000b), *Bank Structure Captital Accumulation and Growth: A Simple Macroeconomic Model*, Economic Theory 16: 421~455.

146. Harris, M. and A. Raviv. *Capital Structure and the Information Role of Debt*. Journal of Finance, 1990, 45: 321~350.

147. Hellwig, Martin, 1998. *Banks, Markets and the Allocation of Risks in an Economy*, Journal of Institutional and Theoritical Economics, Vol. 54.

148. Holmstrom, B. and J. Tirole. *Market Liquidity and Performance Monitoring*. Journal of Political Economy, 1993, 101: 678~709.

149. John M. Balder, 1997, *Financial Market Volatility and Monetary Policy*, *Challenge*, Nov-Dec.

150. Kaserer, C. and M. Kraft (2003), *How Issue Size, Risk, and Complexity are Influencing External Financing Costs: German IPOs Analyzed from an Economies of Scale Perspective*, Journal of Business Finance and Accounting, 30: 479~512.

151. Khalil, F. and B. M. Parigi. *Loan Size as a Commitment Device*. International Economic Review, 1998, 39 (1): 135~150.

152. Levine, R. (2005), *Finance and Growth: Theory and Evidence*, Jouranl of Financial Intermediation, 11: 398~428.

153. Levine, Ross and Sara Zervos, 1998. *Stock Markets, Banks and Economic Growth*, American Economic Review, 88 (3, June).

154. Levine, Ross, 1997. *Financial Development and Economic Growth: Views and Agenda*, Journal of Economic Literature, 35.

155. Levine, Ross and Sara Zervos, 1996. *Stock Market Development and Long-Run Growth*, The World Bank Economic Review, 10.

156. Merton. Robert. C., 1995. *Financial Innovation and the Management and Regulation of Financial Institution*. Journal of Banking and Finance.

157. Michael Klein, Giovanni Olivei, 1999. *Capital Account Liberalization, Financial Deepth and Economic Growth*. NBER Working Paper, National Bureau of Economic Research.

158. Mohsin S. Khan and Abdelhak S. Senhadji, 2000. *Financial Development and Economic Growth: An Overview*, IMF Working Paper.

159. Rioja and Valev, (2004), *Finance and the Source of Growth at Various Stages of Economic Development*, Economic Inquiry, Vol. 42 No.1, 127~140.

160. Robert. C. Meton, 1995. *A Functional Perspective of Financial*